小语人丛书

《小学语文教学》杂志社　编

50篇名家卷首语

山西出版传媒集团　山西教育出版社

聊赠一枝春
（代序）

一篇卷首语，就是一朵凌寒的梅花，而她所展现的是生命的春光；一篇卷首语，就是一抹情感的彩霞，而她所映照的则是心灵的天空。

本书收录的50篇卷首语，系《小学语文教学》杂志近几年卷首语的汇编，出自中国当代基础教育界（主要是小学语文界）22位名师名家的手笔。他们中，有德高望重、蜚声教坛的老一辈名师名家代表（以下均以姓氏笔画为序）：于永正、支玉恒、成尚荣、贾志敏；有别创一格、引领风骚的中生代名师名家代表：王崧舟、孙双金、窦桂梅、薛法根；有锐意进取、追求卓越的新生代名师名家代表：王文丽、陈德兵、李斌、吴民益、吴勇、张学青、林志芳、武凤霞、鱼利明、费洁、赵昭、虞大明、潘文彬、魏星。

书中每一篇卷首语，都是名师名家们教育情怀的真诚抒写。从呵护童心到敬畏生命，从儿童立场到以生为本，从课程视野到文化底蕴，从核心素养到立德树人，他们用纯粹的心、温润的情、干净的笔、行云流水般的语言，娓娓道来，令我们如坐春风、如沐春雨。这些惜墨如金的文字，有对教师职业精神的叩问，也有对爱的教育的絮语；有对教学艺术的苦苦追寻，也有对课堂境界的了然顿悟。一个个他们亲身经历过的教育故事，一段段被他们反复思考过的课堂案例，如一盏盏明灯，照亮我们职业跋涉的前路。他们教我们寻觅教育的意义，感受教育的快乐，让阳光明媚每一天；他们教我们常怀育人的梦想，并让我们了解，一切梦想都值得我们为之奋斗；他们唤醒我们，让我们知道，教育原本就是一种幸福而完整的生活，即使我们处在职业的低谷，也不能忘却自己的初心；他们告诫我们，有时候舍不得本该抛弃的教学经验，或一味追求看起来流行但并不适合自己的教学模式，可能会得不偿失、事倍功半，甚至适得其反、一无是处；他们引领我们，教师应当有爱，爱是教育不朽的灵魂，唯有爱与被爱，才是教育的最高法则。

书中每一篇卷首语，都是名师名家们教育智慧的灵光乍现。他们从碎片式的课堂印象中探求明晰的育人之道，从貌似无序的教育叙事中发现学生认知的有序规律，在挥洒自如的行文中透露出一种庄重的职业精神，在微小局部的课堂细节中显现教育生命的全息镜像。他们时而当头棒喝，时而语重心长，时而针砭时弊，时而以史为鉴。每一条看似普通的教学建议，都是他们百炼钢化为绕指柔的课堂真功夫；每一个他们聚焦、审视的课堂细节，都是被日常工作消磨掉职业期待的我们所熟视无睹、习焉不察的，其背后却蕴含着真正深刻的为师之道。他们相信教学需要娴熟的技巧，但更相信真正的教学是一种智慧的彰显；他们明了钻研教材的重要性，但更明了只有让教材住进孩子的心里，才是教学成功的不二法门。他们推崇课程的整合思维、深度思维乃至思维场，如风乍起，吹皱我们习惯性课程思维的一池春水；他们倡导语文学习的生产性思考、创造性想象、个性化表达，将陷入山重水复的教学中的我们，带进柳暗花明的新境界。他们以过来人、个中人的真诚与谦卑，点亮我们的心烛，引领我们走向诗与远方，让我们诗意地栖居在语文教育的大地上。

书中每一篇卷首语，都是名师名家们教育文化的自觉传承。50篇卷首语，或雅致，或素朴，或幽默，或郑重，在语文课程改革的丛林中，像一株株凌霜傲雪的红梅，向我们报道着课改天地的春之消息。无论是“作为教师的儿童”，还是“永远对孩子放心”；无论是“尊重孩子的选择”，还是“课比天大”，面对一个个鲜活的生命，面对一双双清澈而渴求的眼睛，他们呈现出一名教育赤子无比坚定的文化自信。教育的天命就是立德树人，育人首先要看见人、看重人、看好人。教师要热爱学生，热爱才会关切，关切才有发现。每一只“丑小鸭”身上都有亮点，这亮点只能被爱的眼睛所看见。我们读下去就会发现，原来每一篇卷首语、每一个鲜亮的文字，都在抒写着他们自己的爱的教育、爱的信念、爱的力量。是爱，让他们知道真正的学情在哪里；是爱，让他们享受教学的云卷云舒、潮起潮落；是爱，让他们放弃一切，而让自己成为语文、成为教育；也是爱，让他们成为终生的阅读者、学习者。写得尽的是卷首语的白纸黑字，写不尽的是卷首语背后的善良与爱。正是传承千古、生生不息的仁爱之心，成就了这些名师名家的荣光与功德，也让每一篇短小简练的卷首语显得厚重而隽永。有缘读到这些文字的我们，自然就能感受到他们传递过来的温暖与善意。

愿我们扎根于灵魂，像太阳一样发光发热。愿我们用善良与爱，照亮教育的天空。愿我们真心爱孩子，在爱中生活，在爱中育人，在爱中获得职业的自赎与拯救，并像名师名家们那样，将这灿烂的一生献给教育，献给语文，献给孩子。

是为序。

王崧舟

2021年立冬于泊静斋

目　录

关注什么，就得到什么

◆费　洁

读到一个挺有意思的故事。

一个年轻画家画了一匹马，自己觉得很满意。他把画挂在集市的街头，告诉街坊邻居，哪里画得不好就用黑笔画上圈。第二天，这匹马从头到尾都被画上了黑圈。就在他沮丧的时候，一位老人给他一个建议，让他仍旧把画挂在原来的地方，只是告诉别人哪里画得好，就用红笔画上圈。第三天，同样的一匹马，居然全部被画上了红圈圈。

同样的马，挂在同一个地点，却有截然不同的结果。那么，是什么导致了完全不同的结果呢？答案是，不同的关注点造成了不同的结果。这正说明了一点，事情的结果有时候是由关注点决定的，关注什么，就得到什么。

这让我想起了对学生的教育。当我们的目光只关注学生缺点的时候，往往会忽略甚至看不到学生的闪光点。我们聚焦缺点，就会强化缺点，看到的就都是“黑”的，所以，学生得到的往往是一个否定，最后的结果也就可想而知了。

在我们的教学中，常有这样的例子。一次去听语文课，教师在教“应接不暇”的“暇”字。他再三强调：“同学们，你们要认真听好，‘应接不暇’的‘暇’不是‘王’字旁，所以千万不要写成‘王’字旁，记得不要跟‘白璧微瑕’的‘瑕’字混淆了！记住啦!”教师说得一点没错，但是，他自始至终关注的是“王”字旁的“瑕”，留在学生脑中的也是“王”字旁的“瑕”。课后，教师让学生默写，结果可想而知。教师看到有那么多学生写错，感到十分无奈，甚至有点气愤。可是他并不知道，他是好心办了坏事。我让他换个关注点试试，结果可能会不一样。后来，他在另一个班级这样引导学生：“同学们，‘应接不暇’的‘暇’是‘日’字旁，为什么呢？因为这个字是‘空闲’的意思。原来偏旁和字的意思是有密切关系的呀！还有个词语叫‘目不暇接’，也是‘日’字旁的‘暇’，因为也是‘空闲’的意思。来，我们一起写一遍。”这里，教师始终引导学生关注“日”字旁的“暇”字，结果，学生全部默写对了。看来，关注什么，就有什么结果；焦点在哪里，结果就在哪里。

心理学告诉我们，每个人对外界的注意力都是有限的，也是有选择的。那么，作为学生引领者的我们，“红”与“黑”，你选择什么？

莫要窄化“学习语言文字运用”

◆潘文彬

最近，参加了一些教研活动，观摩了一些公开课，发现有些教师过分强调“表达”，总是想方设法从课文中找寻一些读写结合的点，让学生读中学写，练习表达，以为这样教学，就关注到了学习语言文字的运用，是最合乎《语文课程标准》精神不过的了。不可否认，有些课堂对读写结合点的发掘还是比较自然巧妙的，听之，让人拍案叫绝；而有些课堂对读写结合点的设计就比较生硬牵强了，听来，叫人匪夷所思。

近来，也留意了一些报刊，阅读了一些案例和论文，同样发现有些教师过分关注言语形式，强化读写结合，追求立竿见影的教学效果。

观课，读刊，不禁心生感慨：语文教学怎么了？读写结合何以又如此风靡课堂，几乎成了教学每篇课文时必不可少的内容？静心思忖，若有所悟：当下语文教学可能有了些许新共识——学习语言文字运用，就得要关注言语形式，强化读写结合；凡是没有体现读写结合的课，似乎就游离了语言文字运用的学习，似乎就算不上好的语文课了。倘若如此，就不免把学习语言文字运用窄化为学习读写结合了。其实，读写结合，本是学习语言文字运用的应有之义，也是语文教学的应然选择。

目前，语文教学之所以如此关注言语形式，强化读写结合，主要是缘于《语文课程标准》对语文课程的界定："语文课程是一门学习语言文字运用的综合性、实践性课程。"这一界定，就把语文课程的目标和内容聚焦到"语言文字运用"上来了。那么，何为"语言文字运用"？《语文课程标准》开篇就指出："语言文字的运用，包括生活、工作和学习中的听说读写活动以及文学活动。"可见，"语言文字运用"既包含生活、工作和学习中的实用性语言文字运用活动，也包含运用语言文字的文学活动。如此，就不难发现现实生活中的听说读写活动以及文学的阅读、创作和评论，都旨归于语言文字的运用。所以，学习语言文字运用，并非只有读写结合这一种方式。读写结合相对于学习语言文字运用来说，只是其一，而非唯一。

《语文课程标准》还指出，语言文字的运用“存在于人类社会的各个领域”。如此看来，“语言文字运用”是一个整合了的概念，一个在“各个领域”都存在着的概念，一个具有丰赡意蕴的概念。故而，课堂上帮助学生认识汉字、一笔一画地书写汉字，是学习语言文字的运用；引导学生倾听老师和伙伴的说话，能听懂他们说话的意思，是学习语言文字的运用；鼓励学生大胆发言，能把自己想说的话讲清楚、说明白，是学习语言文字的运用；启发学生潜心阅读，能通过语言文字准确、熟练地从文本中获取信息，是学习语言文字的运用；指导学生读中学写，自由写作，能具体明确、文从字顺地表达自己的见闻、体验和想法，是学习语言文字的运用。课堂之外，让学生去收听广播，阅读报刊，讲述故事，与人聊天，上网浏览、发邮件等，也都是学习语言文字的运用。

有道是，语文学习的外延与生活的外延相等。语文教学切莫将学习语言文字运用与读写结合简单地画上等号，否则，就会曲解、狭窄学习语言文字的运用。

语文教学的五点主张

◆孙双金

我提出语文课堂教学改革的五点主张，希望给传统语文课堂带来些冲击，带来些变化，带来些清新的改革春风。

一、起点高一点。起点，是指教与学的起点。传统课堂教学往往是零起点，忽视学生的认知基础，忽视学生的课前预习，忽视学生的生活经验。零起点的教学必然起点低，效率差，无趣味。为什么要起点高一点？因为学生不是一张白纸，他们已有一定的认知基础和生活经验。尤其是在当下的信息时代，学生获得信息知识的途径多样化了，他们知道的不一定比教师少。如果教师仍然从零起步教学，必然挫伤学生的认知尊严和学习积极性，就会让学生觉得语文学科太“小儿科”了，没有学习挑战的乐趣。怎么做到起点高一点呢？我们的经验是学习前置，让学生课前研学。教师可以事先设计好“研学单”，让学生做好充分的研学准备，课堂教学的起点自然提高了，学生真正带着思考、带着问题、带着感悟走进课堂，在课堂和教师进行平等的对话交流。

二、容量大一点。传统语文课堂往往一篇课文要教两至三课时，少、慢、差、费。大家知道，小学语文教材选文95%以上均是白话文，白话文的特点就是明白如话，浅显易懂。这样的白话文教学需要这样“细嚼慢咽”吗？如何容量大一点呢？方法有：一是主题阅读，围绕一个主题，教一篇带几篇，突出主题理解；二是文体阅读，围绕某一文体，教一篇带几篇，突出文体特色；三是写作阅读，围绕写作技法，教一篇带几篇，突出写作方法。

三、难度深一点。教学要有一定的难度，让学生跳一跳摘到苹果，这是十分重要的教学原则。但是，语文学科常常忽视这一原则，因此才会有学生一个月甚至一个学期不上语文课也没有关系的现象。好的课堂一定要有紧张的智力活动，这是符合脑科学的规律的。大脑的特点就是“喜新厌旧”，喜欢挑战。新知对人脑有着天然的吸引力，有无限的魅力，因此，我们每天要给予学生新的知识，新的能力，新的思想。当新知有挑战、有刺激时，学生的大脑就处在兴奋状态，脑细胞就被激活，思维就得到了发展。当然，这里的难度是相对而言的。什么样的难度是合适的呢？那就是大部分学生经过思考、碰撞、交流，经过教师的启发和引导，能够解决的，这就是合适的难度，这就是“儿童的难度”。

四、视野宽一点。视野宽一点，是指教师的课程内容视野要开阔一些，不能仅仅停留在一本语文书上。语文书当然要教好学好，但仅靠一本语文书要丰富学生的语文素养是不可能的。吕叔湘先生说，“得法于课内，得益于课外”，我们教师的课程视野要宽泛，要关注教材文本，也要关注课外文本；要关注唐诗宋词，也要关注国学经典；要关注古代神话，也要关注现代绘本；要关注中国童话，也要关注世界儿童文学……生活的外延有多广阔，语文的外延就有多辽阔。教师的课程视野，决定了学生思想的视野。我们的语文要向四面八方打开。

五、积累厚一点。古人讲“厚积薄发”，我们现代人希望“薄积厚发”。厚积，首先解决积累什么的问题。我认为厚积的应是语文经典。因为经典的文本是种子文本，它能在人的心中生根繁殖，生长出新的经典来。积累分成两类，一类是熟读成诵，滚瓜烂熟后的积累。这一类的积累应是唐诗宋词、历代美文、国学经典。俗语说："熟读唐诗三百首，不会作诗也会吟。"这是质的积累，是儿童的语文童子功。另一类是开卷有益，博览群书。"学愈博，则思愈广"，通过博览，开阔视界，上下五千年，纵横数万里，思接千载，神通八极。这是量的积累，是思想的积累。

这五点主张，关乎学生的语文素养，关乎民族的人文精神，我们语文教师切莫等闲视之。

袁隆平院士和于漪老师

◆贾志敏

袁隆平院士和于漪老师是两条道上跑的车，一个是研究水稻种植的科学家，另一个是教书育人的专家和楷模，说什么也撞不到一块儿去的。可是，有一点，他们极其相似：在事业上都干得风生水起，成绩喜人，在做人方面却低调得很，从不言贡献。

20世纪90年代初，湖南省政府三次举荐袁隆平为中国科学院学部委员（即现在的中国科学院院士）却均未成功。当时，多人为此不平。有人云："袁隆平的落选比他人的当选更为轰动。"而袁隆平以为，"这没有什么可委屈的。"他只管继续研究，他认为，能出成果是最大的安慰。以后，他被人们称为"伟大的科学家"，倒让他诚惶诚恐。他说，不是伟大，是尾巴大。不过，尾巴大了也有好处，就是不能“翘尾巴”了。

在教育界，于漪老师辛勤耕耘59载，栽培学子逾万过千，德高望重。教师节前夕，她进京参会，荣获“全国教书育人楷模”称号。载誉归来，上海市教委召集教育界人士座谈，请于漪老师发言。然而，81岁的她在两个小时的讲话中，只字未提成就与业绩，却花了相当篇幅袒露从教59年来的种种缺陷和失误，并且把演讲主题定为“一辈子学做教师”。这让所有与会者始料不及，却又受益匪浅。

对照袁隆平和于漪两位大师，笔者真有点汗颜与忐忑。

记得，20世纪80年代中期，组织安排我去北京出席全国民进经验交流会。按要求，与会者都须将发言材料事先送交上海市委审查。审读我材料的是时任上海师范大学校长的陈云涛先生。没过多久，经辗转，修改后的发言材料返回到我手上。文章已经面目全非，几乎每一个章节，陈云涛先生都做了仔细修改。红笔改处数不胜数。陈云涛先生又另用纸写了四条意见。意见具体又中肯，尤其是末一条，陈云涛先生工整地写道：“经验交流应该多吸收别人的意见，夸张自己的词句要少用。”真是醍醐灌顶。自此，我再也“不敢为天下先”

了。这份材料，我至今仍珍藏着，它时时提醒我“自知不自见，自爱不自贵”。

当下，个别人做出点成绩，往往会忘乎所以，到头来竟然不知道自己是谁了。有的尚未评上“特级教师”，却对有人授以其此“光荣称号”时，沾沾自喜，不但不予拒绝，反笑而纳之：“俺是‘民选特级教师’。”颇有点“缺乏自知之明”；有的则大言不惭，称自己“应邀赴海内外讲学数百次，所到之处好评如潮”，真有“不可一世”之嫌；更有甚者，在“个人简介”中赫然写道：“……是语文界当之无愧的前沿领军人物，其教学理念独树一帜，颇具影响力。其课堂大气磅礴，自由挥洒，极具感染力与震撼力。”似乎“老子天下第一”。

于漪老师的语文教学思想影响着几代教师、一个领域。然而，于漪老师是低调的。她向我们展示的不是光环与美誉，恰恰是失误与挫折。她还说，自己正在“学做教师”。

袁隆平到美国参加院士会议。在华盛顿白宫前，众多游客要求与他合影，搞得袁隆平“很不好意思”。此时，袁隆平想的最多的是：“我不能把尾巴翘起来啊！”

学高为师，身正为范。

谁知道真正的学情

◆王崧舟

课文《桃花心木》中有这样一段话："不只是树，人也是一样，在不确定中生活的人，能比较经得起生活的考验，会锻炼出一颗独立自主的心。在不确定中，就能学会把很少的养分转化为巨大的能量，努力生长。"

这段话其实就是文眼，因此，重点品读是理所当然的。为了掌握学情，教学中我让学生对这段话质疑。经过梳理，学生提出的问题大致如下：

什么是不确定的生活？怎样才能经得起生活的考验？怎样才能锻炼出一颗独立自主的心？怎样才能把很少的养分转化为巨大的能量？怎样才能努力生长？

对学生的这些问题，我并不怀疑它们的真实性。如果在以前，这些问题就会被我纳入教学进程，成为新的增长点。但是，面对日趋极端的“以学为中心”的浪潮冲击，我渐渐开始学会让自己从旋涡中抽离出来，试着对“学情”保持一种理性的审视距离。我转而想：学生真的知道自己的学情吗？有所谓某种纯粹客观的学情存在吗？学生的课堂呈现（质疑、表达、练习等）就是他们的学情吗？顺着学生的课堂呈现就是对学情的尊重吗？我们可以撇开某种特定的背景或者视角发现学情吗？

于是，我问自己：对于这段话你希望学生理解什么？这一问，很快就牵出一连串问题：这篇文章的主旨是什么？文章所写的故事究竟想告诉读者什么？这段话是在揭示文章的主旨吗？

毫无疑问，主旨的理解必须基于整体语境。就整体语境来看，《桃花心木》生动地揭示了“不确定”的意义和作用：对树而言，适应“不确定”就能成材；对人而言，适应“不确定”就能成人。

这一点，既是全文的主旨，也是这段话的要义。

那么，如何让学生理解这一主旨呢？在理解过程中，他们可能会遭遇哪些认知障碍或者形成什么冲突呢？

当我确立了这样一个问题视角再去反观学生的提问时，竟有一种豁然开朗的感觉。显然，学生的上述提问并不能呈现真正的学情。因为，事实上，除了“什么是不确定的生活”这一问题之外，其余问题的答案都已经包含在这段话里面。这段话已经非常明确地告诉读者：适应了“不确定”，就能经得起生活的考验，就能锻炼出独立自主的心，就能把很少的养分转化为巨大的能量，就能努力生长。

而学生的最大问题，正在于他们忽视了“不确定”这一根本背景，一味地将思维的触角伸向“怎样才能”上。假如我真的将学生的提问纳入教学进程，那么，这堂课必将在“怎样才能”上大做文章，学生有可能获取的不过是一堆庸俗成功学的方法和策略，而根本的根本、核心的核心，即“适应不确定”就会因无人问津而显得无足轻重。我暗自后怕：学生的问题差点骗了我！又暗自庆幸：终于有了这样一个问题视角让我能够发现真正的学情。

真正的学情，就是学生对“不确定”的普遍忽视。而这一点，学生并不知情。唯一知情的，是教师本人。我终于明白，在学生的提问和教师对文本主旨的理解中，差异和冲突才是真正的学情。敏锐地发现并把握这一差异，正是教师的专业所在。这是责任，更是良知。

享受教学

◆支玉恒

教学是一项艰苦的劳动。它需要殚精竭虑，周密策划，多少夜以继日，多少忍饥忘渴，耗尽了多少脑汁，增添了多少白发。

教学需要辛苦地操作。一本本的教学计划，一摞摞的学生作业，夺去了你多少花前月下的私语，占据了多少弹琴品茶的悠闲时光。

教学免不了生气伤身。课讲得不够顺畅，学生作业质量不高，小调皮又玩出了新花样，女同学又被打哭了，你就是天生的“替古人担忧”，都是为了别人把自己气得七窍生烟。

做教师有学不完的功课。你自己常说：“教给学生一碗水，自己就得有一桶水！”学校里学的那点东西早已不足，就得不断地进修学习，中师读大专，大专读本科，本科读硕博，你在给自己加码，为什么？还不是为了把学生教好！

做教师不得不杂务缠身。学校里的事情那么多，哪一样不要教师完成？社会上的事情也不少，哪一件不要教师应付？上级要检查了，多少年的旧簿册都得从头填起；学生的爸爸妈妈打起来了，影响了学生的学习，也得教师操心。只要一睁眼，教师就很难按预定计划行事，每天烦得头疼。

…………

教学天生就是一件苦差事，哪里来的享受？

但是，耕耘之后必定有收获，树长大了必然有阴凉。

当你吃完晚饭，展开课本备课的时候，你心里一定想着：怎样教，学生才能兴趣盎然、驰骋想象？怎样教，学生才能学得扎实、记得牢固？当一篇篇课文在你的再创造中，成为一页页生动的教案时，你一定想到上课时孩子们那渴望的眼神，想到他们脸上绽开的笑容。这时，你不觉得是在享受吗？

当你挺直腰板走上讲台，孩子们亲切地问你一声“老师好”，然后坐下来，同样腰板挺直地看着你，聆听着你的一言一语，模仿着你的一笔一画，跟着你一句一句地朗诵，在你的启发下滔滔不绝地发表自己的见解，展示着他们的成长的时候，你不觉得是在享受吗？

当你给孩子们批改作文，捧读佳作如饮醇浆，段句评点字字端详，孤灯伏案不知漏长的时候，当你看到孩子们写出他们记忆中那些“犯傻”的事、“捣蛋”的事、“搬起石头砸自己脚”的事的时候，你难道不会笑得眼泪鼻涕一把抓？这时，你不觉得是在享受吗？

当你教了若干年书之后，你的教学有了长足的进步，有了自己的特点，建立了自己的风格，已经跟孩子们融为一体的时候，孩子们纯真的脸上流露出对你的敬仰和信赖，他们窃窃私语，称赞你的睿智和大度的时候，你难道还不认为是在享受吗？

再想想，当无数的老师都像你一样优秀，他们耕耘在长城内外，播种在边陲海疆，吸纳了高原山野的雄浑坦荡，熏染了水乡幽林的细腻温柔，他们在各自的岗位上展现出千姿百态、争奇斗艳的时候，身在其中的你，难道不会为整个教学群体感到光荣与自豪吗？届时你一定会说：教学是一种享受，我们都在享受教学！

童心：游戏、创造与幸福

◆成尚荣

最近看了英国女王伊丽莎白过生日的故事。

伊丽莎白女王80岁寿辰，在白金汉宫后花园里举行庆典。她请来了许多哈利·波特的小粉丝，还有儿童文学作家、儿童剧演员。庆典开始时，女王说，让我们先做一个游戏：我心爱的手袋不见了，掉在了后花园里，麻烦大家分头帮我找一找。众人在草丛里、大树下、溪水边、花丛中，找到了一本又一本儿童绘本和其他文学作品，当然丢失的手袋也找到了。女王把文学作品和心爱的手袋捧在胸前，高兴而又平静地说：我们终于有了一个童话般的结局——从此，我们幸福地生活在一起。

故事很有意思，为我们展开了一幅又一幅生动的画面、一个又一个可爱的人物，以及许多许多想象。对这个故事可以有许多解读，我最想解读的还是女王。

80岁了，竟然还那么有童心：做游戏。看来，游戏不只是属于儿童，也仍然属于大人们，甚至是老人们。女王的游戏真实、自然，把后花园创设成一个巨大的丰富的情境，只有在特定的情境里才会发生动人的故事。其实，他们不只是在做游戏，更是在创造一个故事，创造一件作品，创造一种生活。在这样的游戏中，大家既是游戏者，又是创造者，准确地说，游戏者就是创造者。因而，女王和大家的游戏，其最为深层的意义，是在生长游戏精神。游戏精神是一种规则精神，更是一种自由精神、创造精神，其间充溢着无限的想象力。

女王的故事告诉我们，一个人的童心是多么可贵。童心，真心也；真心，真人也；童心与真心，创造之心也。语文教师需要这可爱又可贵的童心。作家陈祖芬说得好：人总是要长大的，可眼睛不要长大；人总是要变老的，可心不要变老。不长大的眼睛是童眼，不变老的心是童心。童眼发现的是新世界，童心诞生的是新宇宙。语文教师以自己永不变老的童心去撞击儿童之童心，童心与童心的撞击，能创造最精彩、最神圣的教育。

语文教师的童心从哪里来？路径可能很多，不过，我以为最为重要的还是如陈鹤琴先生所说的：让我们重温自己的童年时代吧，让我们再做回儿童吧。只有永远和儿童在一起，才会永葆童心，充满生命的活力，永远会懂你的——儿童，我们的孩子们。于是，语文教师才会创造一个又一个童话般的结局——从此，我们幸福地生活在一起。

语文学习的“三字经”

◆孙双金

经常有家长问我：怎么才能学好语文呢？外出讲学，也有老师问我：你认为学好语文的规律是什么？于是，我在心里经常问自己：你教了几十年语文了，你能回答这个问题吗？为了回答这个极其重要的问题，我阅读了传统语文教育的书籍，阅读了历代名家学好语文的经验之谈。渐渐的，我的内心敞亮起来了，观点也清晰起来了。现在，我越来越坚定地认为，学好语文的“三字经”就是背、读、写。

背，就是背诵。现代年轻人好像特别反对背诵，认为网络上什么都有，一搜不就搜到了吗，干吗还要去死记硬背呢？其实，要想学好语文，绝对不能少了背诵。朱自清先生是语言大师吧，他对吟诵、背诵有一段精辟的见解："学习文学而懒于记诵是不成的，特别是诗。一个文科学生，与其囫囵吞枣或走马观花地读十部诗集，不如仔仔细细地背诵三百首诗。这三百首诗虽少，却是你自己的；那十部诗集虽多，看过了就还了别人。我不是说他们不应该读十部诗集，我是说他们若不能仔仔细细地读这些诗集，读了是和没读一样。"对于诗，背下来的，才是自己的；没背下来的，永远是别人的。这是多么精辟的见解！这值得每一位语文老师谨记！古人讲"熟读唐诗三百首，不会作诗也会吟"，"腹有诗书气自华"，讲的都是背诵的重要性。背诵是积累，背诵是语言存款，是文化存款。你儿时不存款，长大时如何有积蓄消费呢？再说了，12岁以前是人的记忆的黄金时期，儿时背诵的东西，就像刻在石头上一般，终生难忘。如果错过记忆的黄金时期，那可真是"少壮不努力，老大徒伤悲"了。

读，就是阅读。古人说"开卷有益"，今人说"一个人的阅读史就是他的精神发展史"，阅读的好处不必多说了。但现代社会是书籍泛滥的社会，那么多书，我们该读什么书呢？我个人的体会是，不读不入流的书，不读三流的书，要读就读一流的书、经典的书。因为人生有涯，而书无涯，用有限的时间去读无限的书，显然是不可能的。所谓经典的书，就是经过半个世纪或一个世纪以上，被时间和广大读者共同认可、推崇的书。经典的书已有定论，我不多说，但怎么读书，怎么读经典，却值得说一说。许多老师让学生写读书笔记，摘录好词佳句，本是好心，却倒了学生读书的胃口。什么是好词佳句？用在最合适、最恰当之处的词句才是好词佳句，当把它从语言环境中剥离之后就再也不是所谓的好词佳句了。因此，建议老师们不要再让学生做摘录好词佳句的事了。关于读书笔记，因为阅读分泛读和精读，大量的课外阅读是泛读，泛读讲究阅读的兴趣和阅读的乐趣，泛读是量的积累，因此不必写读书笔记。精读讲究读深、读透，精读时可写读书笔记。我建议语文老师用人生几十年精读几本书，如《论语》《老子》《红楼梦》《唐诗三百首》《给教师的一百条建议》。我的体悟是：精读一本经典，胜过泛读一百本流行书。

写，就是写作。可以是写日记、写随笔、写故事。周国平先生曾写过一篇文章《假如我是语文老师》，他在文章中说，假如他是语文老师，只做两件事，一件是让学生大量阅读，一件是让学生每天写日记。看来写日记是很好的语文训练方法，因为写日记随性：可长可短，可详可略，可叙事可抒情。写日记是综合性的语言训练，它对提高学生语言表达能力极有好处。所谓“拳不离手，曲不离口”，语言训练也要像练武唱曲一样，熟中生巧，方能下笔如神。

语文学习，如能在童年时练好“背、读、写”的童子功，还愁语文的核心素养不够好吗？

简单，就可以了

◆贾志敏

有一个人去应聘工作，随手将走廊上的废纸捡起来，丢进了垃圾桶，恰被路过的考官撞见，他因此获取一份美差。原来，获得别人赏识很简单，养成好习惯就可以了。

有个小弟在车行学艺。顾客送来一辆坏了的自行车，小弟除了将车修好，还把车擦洗得锃亮如新，其他学徒笑他多此一举。车主将自行车取回去的第二天，把小弟也带到自己公司上班去了。这着实让师兄师弟羡慕不已。原来，想改变命运很简单，多为别人着想就可以了。

有个小孩对母亲说：“妈妈，今天你真漂亮！”母亲问：“为什么？”小孩说：“因为妈妈今天没有生气。”原来，要拥有漂亮很简单，只要不生气就可以了。

有个牧场主叫他的孩子每天在牧场上辛勤劳作。朋友对他说："你不让孩子如此艰辛，农作物照样会长好的。"牧场主回答说："我不是在培养农作物，我是在培养自己的孩子。"原来，培养孩子很简单，让他吃点苦头就可以了。

有一支淘金队伍在沙漠中行走，队员们步履维艰，痛苦不堪，唯有一个人快乐地唱着，走着。别人问："你为何如此惬意?"他笑着说："因为我行囊最轻，带的东西最少。"原来，想快乐很简单，拥有"少一点"就可以了。

有一个语文教师活得潇洒、自在，唱歌、跳舞，看书、习字，整天乐呵呵的，还经常和孩子们一起郊游、打球、吟诗、作画……师生关系融洽，他所教学生语文素养高，考试成绩领先于其他班级。众人不解，有好事者问他："老兄，这是何故?"该教师答曰："你们都将事情做得极致，我却干得简单。语文课，就教孩子读书、写字和作文。你们上课花样多，我没有。课堂上，让孩子们认真读书、静思默想，引导他们质疑问难、挥笔书写。我真教，让孩子们真学，学到的是真本领。"停了一会儿，他又补充说，"没别的，简简单单教语文。”众人闻之，释然，信服也。

人们总以为：要变得优秀，就必须学会复杂。其实不然，做好最简单的、最本质的，就是最成功的。

让课堂住进孩子的心里

◆虞大明

我出生在农村，在农村读了五年小学。小学生活的点点滴滴，大都已若过眼云烟。留在心灵深处，印象还比较深刻的只有三件事情：其一，参加学校画画比赛获得一等奖，美术老师断言我将来可以成为画家，我喜不自禁；其二，班主任陈老师将身体不适的我背了十几里地送回家，我分外感动；其三，因提前完成家庭作业，故没将书包背回家，被值日老师视为学习不勤奋，第二天出操集会时令我当着全体师生的面含泪检讨，我羞愧不已。

五年的小学生活，也就这么三件事情不曾烟消云散。而且，这三件事情没有一件跟课堂学习相关。按理说，从一年级到五年级小学毕业，孩子们经历的最多的就是课堂学习，但是却没有在孩子的心灵深处留下印记。我想，这肯定不是孩子的问题，这应当是学科教师的悲哀。

因此我常想，作为学科教师，应当凭借自己的智慧、责任、热情，将课堂学习演变成“课堂生活”，让更多的课堂更长久地住进孩子的心里，让孩子铭刻一辈子，使孩子润泽一辈子，从而被孩子感恩一辈子。

我相信，生活是丰富的，课堂亦要如此。课堂之丰富，很大程度上取决于教学内容的丰富。如果一堂课，教师只局限于被称为例子的“课文”，翻来覆去，纠缠不清，实现不了文本突围，这一定是教师教学视野的狭隘所致。这样的课堂学习一定会使孩子如同嚼蜡，索然无味。因此，教师应当以教学目标为导引，以“基于文本，适度高于文本、广于文本”为宗旨，以“旁征博引、举一反三、适度拓展”为策略，立体构筑教学内容。让课堂如同生活一般丰富，从而住进孩子的心里。

我相信，生活是快乐的，课堂亦要如此。课堂之快乐，很大程度上取决于学习方式的适切与多样。需要教师真正把服务对象当作“儿童”和“孩子”，而不仅仅是“学生”。只有这样，教师才会更“关注”而非“关住”孩子的童心、童趣、童味，才会更积极地采用“合作探究、活动体验、情境表演”等孩子们喜闻乐见的学习方式，让他们学得积极，心灵愉悦，畅享成功，让课堂如生活一般快乐，从而住进孩子的心里。

我相信，生活是从容的，课堂亦要如此。课堂之从容，很大程度上取决于教师学会等待。课堂上，如若教师用鼓励的目光等待，用四两拨千斤的点拨等待，用心平气和的心态等待，更用实实在在的时间等待，那么，孩子们定会静下来，沉进去，想开去，最终柳暗花明，豁然开朗。如此的学习，才会真正点燃孩子们生命的活力。等待，有时是望眼欲穿，有时是心如止水，有时是恬静豁达，有时甚至是与世无争……但等待不是《守株待兔》中懒人的异想天开，不是《鹬蚌相争》中渔翁的坐享其成，更不是得过且过之后的“白了少年头”！等待，是一种积极的心态，是一种美。

学会等待，让课堂如生活一般“从容”，从而住进孩子的心里。

薛校长的比方

◆贾志敏

当下，语文课究竟该怎么上？众说纷纭，莫衷一是。仁者见仁，智者见智。前些日子，笔者听闻挚友薛校长一说，颇得启迪，欣然命笔，录下习得。

薛校长，薛发武先生也，山东省胶州市第二实验小学原校长。我对这位校长倾心仰慕，敬佩不已，并非因他的头衔闪亮炫目，恰恰是他治校有方，对语文教学有独到见解。

有一天，薛校长听了一堂语文观摩课。执教的这位教师课堂调控能力颇强，语言表现力亦属上佳，对教材不可谓不钻研，其理解亦不可谓不深入。欠缺的是，在教学时，教师生生地肢解课文，“满堂灌，满堂讲，满堂问”，学生兴味皆无，昏昏欲睡，提不起神儿来。课堂上呈现“一头热，一头冷”的反常现象。观摩教师议论纷纷，微词不少。

薛校长是个爽快人。课后，他找到这位执教老师，单刀直入，直言相告：

“一篇美文妙章就像一个古董花瓶，可供我们细细把玩。然而，有人总喜欢一锤子把花瓶砸碎，然后拿着‘放大镜’乃至‘显微镜’在‘碎片’上下足功夫研究并考证。此种做法实在不足取。

“今天，你的教学就是如此。盲人摸象，乱说一气，支离破碎，不成体统。热闹是表象，荒谬才是本质。你做的全是无用功呀！

“我们应该整体研究教材，保留文章之完整性，少点儿无效提问，多让学生潜心读书。‘疑’从读中来。我们是为孩子成长而教啊！”

后来，他经常向人提及此事。每每此时，他总是感慨无限。

他的想法，笔者感同身受。当下，疑似“考古式”的语文课比比皆是。课堂上，教师“无效而烦琐”的讲解已不足为奇，不讲究时效与实效，只追求“表面之繁荣”。这样做，还真害苦了咱们的教师，累坏了我们的学生。长此以往，学生还会喜欢学习语文吗？

“语文课上，到底是‘茧抽线’还是‘蚕吐丝’？”薛校长如是发问。笔者不解，便躬身请教。

他直言：“现在颇多的语文课上，教师不给学生预留充足时间阅读课文，只顾自说自话，滔滔不绝地讲，不厌其烦地问，硬想从学生嘴巴里掏出自己预设的答案。这样做，就好比从蚕茧里不断地抽取蚕丝，可谓费神、费力，吃力不讨好。

“理想的课堂教学应该让学生安安静静地读书，认认真真地思考。学生只有读通课文，读懂课文，继而才有可能得以感悟，获得启迪。此时，教师顺水推舟，只需稍加点拨或者引导，学生自然形成的认识就应运而生了。这正如蚕儿只有吃饱喝足了，才得以源源不断地吐出光洁平滑、价值无限的蚕丝来……”

薛校长长期深入课堂，不断思考教学。他的比方有趣而又恰切，值得我们细细玩味，反复咀嚼。

“人”不见了

◆王崧舟

课文《搭石》中有这样一段话：

“每当上工、下工，一行人走搭石的时候，动作是那么协调有序！前面的抬起脚来，后面的紧跟上去，踏踏的声音，像轻快的音乐；清波漾漾，人影绰绰，给人画一般的美感。”

老师这样教学这段话：

请学生按照“一二三四，二二三四”的节奏鼓掌打拍子，学生合着拍子朗读这段话，先指名朗读，再全班齐读。

播放童声版的“跑操”音乐，学生随着音乐用脚踏出节奏，边踏边读这段话，随后理解“协调有序”。

让学生说说这样走搭石的感受，再说说哪些词句最能表现这样的感受，点出“清波漾漾，人影绰绰”。

组织学生讨论：“清波漾漾，人影绰绰”是写景的文字，表现了什么？最后得出结论：写景是为了表现美。

现场的朗读效果很好，无论是合着拍子还是随着音乐，这段文字都读得像极了歌词，节奏分明，协调有序。教学点聚焦在写景处，体会这样写景的好处正是极具语用特征的学习内容。

课上得很“语文”，很“语用”，很“本体”，只可惜，“人”不见了！

明眼人都知道：一行人走搭石一定不是为了好看，为了表演；一行人走搭石的时候一定不会有音乐伴奏，一定不会有人指挥；自然，一行人走搭石也一定不会有人围观、有人鼓掌喝彩。

回到课文，乡亲们只是知道：搭石原本就是天然石块，踩上去难免会活动，走得快才容易保持平衡。乡亲们更是知道：走搭石不能抢路，也不能突然止步，如果前面的人突然停住，后边的人没处落脚，就会掉进水里。

这些，乡亲们都知道。

乡亲们都知道，才会这样走搭石，才会有“清波漾漾，人影绰绰”的画面。

一定不能忘记，走搭石的是人，是不仅想着自己、也想着别人的人，是通情达理、民风淳朴的乡亲们。倘若是一队土匪、一伙强盗走搭石，他们一定也会这样走，但绝对走不出“清波漾漾，人影绰绰”的画面来，极有可能出现的倒是“冷风嗖嗖，鬼影憧憧”的场面。

蒋勋说，过得像个人，才能看到美。这“清波漾漾，人影绰绰”本是人看出来的，不是风景表现美，这话说反了，而是美的人方能见出这样的风景来。再往深说，心外无物，有此心方有此景。

潘新和先生说，语文课程是一门学习以言语表现服务人生，彰显人、人类存在价值，培养写作者、立言者的课程。

是的，言语和人，文字和人，从来就是一体的。

回到《搭石》那段话。请思考：“协调有序”的背后谁在指挥？答案只有一个：每个人的心，那颗想己亦想人的心。那颗心，是乡亲们在代代相传的民风中熏习而成的。正是那颗心，无声地指挥着乡亲们走搭石的动作；正是那颗心，无声地演奏着轻快的音乐；也正是那颗心，无声地映照着“清波漾漾，人影绰绰”的美景。

一定得有那样的人、那样的心，才会有那样的文、那样的字。读那样的文和字，焉能抛弃文字背后那样的人和心？学生倘若不能在语文课堂里体认到那样的经验，以为文就是文，人就是人；文只是文，人只是人，那么，他们获得的永远只是技能本身、工具本身，他们也永远不会意识到拥有技能、工具的意义和价值。

倘若真像文首《搭石》一课那样教学，那么，知道了“借景抒情”又有何用？知道了“风景表现美”又有何用？知道了“清波漾漾，人影绰绰”整饬的节奏感又有何用？

“人”若不见了，语用何用？

从贾老师的“神机妙算”说起

◆于永正

那一年，贾志敏老师应邀到青岛上公开课《惊弓之鸟》。上课伊始，贾老师请三位小朋友“开火车”把课文朗读一遍。读罢，贾老师对大家说：“我会‘算’，能‘算’出这三位小朋友期中语文考试考了多少分。——第一位小朋友，考了95分以上，离100分不远；第二位小朋友考了90分以上，离95分很近；第三位嘛，考了85分左右。”说完，贾老师请他们报成绩。三人依次为：98分，94分，85分。

小朋友（包括听课的老师）为贾老师的“神机妙算”热烈鼓掌。

贾老师笑道：“说‘会算’是假的，我是根据他们的朗读推测出来的。”

这不奇怪。从朗读中能听出一个人的语感。语感好的人，理解力和表达力就强，反之，就差。贾老师是根据三位学生的语感做出上述判断的。当然，“判断”有个前提，那就是老师的语感必须好。贾老师是公认的“语言医生”，他有着超强的语感，是很少有人能望其项背的。

何谓语感？简单地说，就是对语言的感受能力。语感是在大量的、长期的听、说、读、写语文实践中形成的。读写的实践尤为重要。语感强的人，不但词汇丰富，他心中积累的词语的意象、感情色彩更是鲜活的，对词语的搭配、句式的构成等语言运用的规律都谙熟于心。所以语感好的人，听，能听出言者的话外之音；读，能读出作者文字背后的意蕴，这种言者与听者、作者与读者之间的语感，一旦“相似对接”，理解便成为瞬间之事。同样，语感好的人，表达也好，能做到出口成章、下笔成文。为什么他们能不假思索，瞬间缀字成文？因为，对他们来说，语言文字的运用已经达到“自动化”程度，成为一种“习惯”，成为“自然”。所以，叶圣陶先生说：“语言文字的学习……就运用方面来说，是一种习惯。”

就拿《惊弓之鸟》来说吧。文中的“悲惨”“大吃一惊”“孤单失群”等大量词语，在第一个朗读的小朋友心里不但拥有，而且是“活”的，是形象可感的，因此她（该生是女的）能“见文知意”，“望文生情”，读得声情并茂。又由于词语的搭配、句式的结构、语势的走向等，对她来说已达到“自动化”的程度，所以她在没有预习的情况下，把课文流利地读了下来。怎样断定一个人的语感优劣？就是听他朗读，如能将一篇未读过的文章，基本上正确、流利、有感情地读下来，就证明语感好。朗读既能听出理解的能力，又能听出表达能力。这正是贾老师“神机妙算”的“妙”之所在。难怪吕叔湘先生说：“语文教学的首要任务，是培养学生各方面的语感……一个学生的语感强了，他在理解和表达方面就会不断进步。”

那么，怎样培养学生的语感呢？就是要多读、多听、多说、多写。在教学中，凡是远离听、说、读、写的，都是不可取的。老师要牢记这四个字，教学中要自我“克制”。真的，我们稍一大意，就会偏离正道。在课堂教学中，朗读尤为重要。《语文课程标准》把朗读好都列为各年段阅读教学的首要目标，几乎每篇课文，编者都提出“正确、流利、有感情地朗读课文”的要求。很遗憾，日常教学中能落实者甚少。教了几十年语文，我对自己有个“规定”：课文不朗读好不开讲。几乎每篇课文我都要朗读给学生听。低年级一开始就范读，必须“先入为主”，必须“抱着走”。中、高年级则让学生先“尝试”，师生再交流。我深知示范的重要，低年级的课文要领读，即使到了高年级，有好多句段还要领读。把课文读得通畅，读出恰当的语气，读得入情入境，可以说是一种享受，是语文教学的升华。语文所承载的一切，也会随之融入学生的血脉。课后呢，则让学生阅读课外书。读到精彩处也要朗读。我的学生虽然没有时间做练习册，做“哈达卷”，但他们的考试成绩依然优秀。

谈谈教师的核心素养

◆孙双金

当下，核心素养是教育界最为热门的词语。

为了培养学生的核心素养，必然要求教师具备教育的核心素养。那教师的核心素养是什么呢？这个问题，我们所有教师都绕不开，必须面对，必须回答。

我认为教师的核心素养是指教师的教育情怀和教育能力。

什么是教育情怀？往大一点说是爱的情怀，所谓"爱满天下"，"没有爱就没有教育"，"有了爱就有了一切"。往具体一点说是爱恋的情怀，我不说痴迷的情怀，因为痴迷的人毕竟太少了。除了爱恋，还有执着的情怀。执着，就是认定一个目标，锲而不舍，不达目的，誓不罢休。当代名家、名师，他们哪一位没有这样的情怀？陶行知说："捧着一颗心来，不带半根草去。"斯霞说："我为自己一辈子是小学教师而自豪。"李吉林说："我是长大了的儿童。"

什么是教育能力？可以分成几个方面：

第一为文化底蕴，或学科底蕴，通俗地说就是你做教师的功底。语文教师的功底是什么？我认为核心功底是解读文本的能力。"千重要，万重要，读懂文本最重要；这个法，那个法，不掌握文本就没有法。"这是真理，就这么简单！

那么怎样提高自己的底蕴，夯实自己的功底呢？我看唯有读书这一条正道，除此没有他途。我建议青年教师多读一些文学名著，多读一些优秀刊物，揣摩别人是如何欣赏解读优秀文本的。教学文本读到什么程度就算过关了呢？杨九俊先生说："要把文本玩得通透。"所谓"通透"就是要通达透彻，如数家珍，如从己出，仿佛就像自己家的宝贝，仿佛文本就是从自己的心中流淌出来一般。

第二为教学艺术。有了文化底蕴、扎实功底，是否就能成为好教师呢？不一定。不是所有作家都能成为好老师，不是所有文艺评论家都能成为好老师。为什么？

因为他们不一定懂教学的艺术。教学的艺术是什么？我用四个字概括，就是“循循善诱”。“诱”，教导，引导，劝导也。“善诱”，是善于教导、引导，善于启发、点拨，善于指点迷津，让人豁达开朗。这“善诱”当中大有文章可做。

善于倾听，是善诱之前提。你能听出学生的发言中，哪儿是正确的，哪儿是错误的，哪儿是似是而非的，哪儿是答非所问的。

善于捕捉，是善诱之关键。善于捕捉学生发言中闪光的金子，并把它放大光芒，照亮课堂。善于捕捉学生发言中的问题，并把它置于放大镜下，看到问题的成因，让全体学生引以为鉴，这是为师者的本领。

善于点拨，是善诱之核心。善诱者能四两拨千斤，善诱者能借力来打力，善诱者能让学生柳暗花明，善诱者能让学生拨云见日，善诱者能让学生如沐春风，如饮甘霖，享受思想启蒙的大餐。

除了“善诱”外，还要“循循善诱”呢。“循循”就是有顺序、有次序、有步骤、有规律的样子。这里的顺序就是学生认知的规律，儿童心理的规律，学科建构的规律。如果背离了规律，就背离了“循循善诱”，就不是真正的教育艺术。

当然，教育情怀也好，教育能力也好，都离不开创新思维，因为，唯有创新才是教育永不褪色的灵魂。这是颠扑不破的真理！

学养——教师"教"的底气

◆武凤霞

多年来，在小学语文教学改革中，以学生为主的教育理念无疑引领着舆论的导向，研究怎么学的问题仿佛是占据改革前沿的问题。但是，作为一个成长在一线、发展在一线的特级教师，我深深感觉到，对于更多教师来说，研究教师的"教"应该比研究学生的"学"更为重要。

看到我这样的观点，也许很多人内心就泛起了涟漪——难道说"教"比"学"重要？我以为，这是毋庸置疑的问题。因为，无论我们是否愿意承认，教师在课堂上、在学生的学习中都是占有主导地位的——不仅决定了教的内容与方式，在很大程度上也决定了学生学的内容和方式，同时，在一定程度上决定着学生学习的效果。学生不会学，首先是因为教师不会教，学生学不好的前因必定是教师没有教好。所以，当我们发现学生学习效果不理想的时候，首先要反思的就是教师“教”了什么，用什么方法教的。“教什么”的问题应该是教学中很重要的问题，或者说是很大的问题，但也是常常被忽略的问题。

在日常的听课中，我发现，教师“教”的问题最主要体现在这样几个方面：一是教得浅显，主要的表现是学生在学习中对答如流，教师所提问题浮于表面，学生没有思考的空间和思维的张力，苍白的问题指向的是一目了然的答案，学生学习前和学习后没有明显的成长；二是教得重复，尤其是对于大家都熟知的知识学习点和能力训练点，不同年段的教师只要遇到了就忍不住要教，当然，有的时候是复习性质的教，即使这样，我依然认为没有必要；三是教得臃肿，教师对所有自己看到的有价值的学习点无论大小，一定要教到、练到，如此，大问题、小问题，大训练、小训练，充斥在教学中，塞满了课堂的空间；四是教得无趣，无趣的内容，无趣的问题，无趣的方法，带来的是学生索然无味的学习状态。那么，我们不能不反思，是什么原因让这样几个问题成了小学语文教师课堂上普遍存在的问题呢？我想，原因很多，但是教师贫乏的文化素养、苍白的学科知识应该是其中非常重要的原因。

很欣赏张学青老师的课，无论是教材文本还是自选文本，她总能找到文章独特的价值所在，尤其是文本独特的表达价值，并在教学中把这一价值充分地凸显，使学生的学习过程真正成为一个发现惊喜、收获成长的过程。比如，教学《三棵银杏树》，她让孩子们去发现"作者写了三个季节的银杏树还是四个季节的银杏树"，在讨论中体会到作者把夏天隐藏起来的奥秘，以及文章从冬天描写开始，到描写冬天结束的"圆"形写作结构。张老师的课总是让观课者不自觉地发出感叹，感叹张老师解读文本的功力，感叹她选择学习内容的独到与精彩，或者很多人会羡慕她有一双能洞察教材脉络、发现文本独特魅力的眼睛。

其实，不是张老师的眼睛不普通，是长期的文学阅读滋养了她不普通的学科素养。此所谓"水之积厚了，载大舟才有力；风之积厚了，承大翼才有力"。一个教师的学养积厚了，面对缤纷的理念才能很好地辨识和理解，面对文本才能从纷繁的知识点和能力点中发现最为独特的内容，并在带领学生一次次走进这些内容的过程中，一点点累积起学生良好的学科素养，让语文学习真正成为给学生成长奠基的工程。所以，一个有学养的教师是不用忌讳谈“教”的，因为他能“教”出学科的文化气息，教得有沉稳的底气。有底气、有文化地教，应该是我们每一位教师所追求的。

培养学生“良好的语文品质”

◆于永正

2016年春，贾志敏老师应邀到河南一座县城执教五年级的《我的发现》。

在第一个教学环节里，贾老师先让学生用“发”组词，再用“发现”口头造句。不久，便出现了似乎只有在贾老师的语文课堂上才有的独特精彩场面：

…………

生：我发现教我们的贾老师今天很帅。

师：你的意思是说我以前不帅喽？其实，我一直很帅呀！（笑声）

生：（连忙改正）我发现教我们的贾老师今天更帅了！（掌声）

师：我以前帅，今天更帅。你脑袋瓜反应挺快！这么一改，我就找不到漏洞了。谢谢你对我的夸奖，不过你这个句子还是有点问题，就是用词不当。“帅”这个词是英俊潇洒的年轻男士的专利，用来形容我这个快80岁的人，是不是不太合适？想一想，用哪些词语形容我更恰当呢？

生：我发现贾老师身子骨很硬朗。（掌声）

生：我发现贾老师精神矍铄。

生：我发现贾老师思维敏捷，根本不像快80岁的人。（掌声）

师：（高兴地）硬朗呀，思维敏捷呀，精神矍铄呀，用这些词语来形容我，就恰如其分了。我发现你们的思维更敏捷，语文学得比我好。

这个教学片段不过三两分钟，却精彩至极。精彩在哪里？第一，精彩在教师教得好。乍一听，第一位学生说的“我发现教我们的贾老师今天很帅”，似乎没有毛病呀！可是，听贾老师一说“你的意思是说我以前不帅喽？其实，我一直很帅呀！”学生（包括听课的老师）方才发觉其中的问题。贾老师只这么轻轻地一点，精彩就立刻出现了：“我发现教我们的贾老师今天更帅了！”一个“更”字就把贾老师的问题“摆平”了。

至此，贾老师该满意了吧？不。紧接着，贾老师又抛出了一个问题——用词不当！是呀！“帅”这个词真的被人用滥了，不管男士长得怎么样，哪怕像汽油桶似的，也不管年老还是年少，都会被人冠以“帅哥”的雅号，正如“美女”二字几乎成了所有女性的代名词一样。

贾老师这么一说，于是又精彩迭起。学生的表达博得了老师们一阵阵热烈的掌声。

真是灯不点不亮，心不拨不明。在课堂上，贾老师把“引导者”这个角色演绎得淋漓尽致。

王尚文教授说：“语文的‘独当之任’就是教学生如何说话，使他们所说的话具有良好的语文品质。”何谓“良好的语文品质”？王教授说：“语文品质是对遣词造句、布局谋篇的要求，最起码的标准是：把语句写通顺，把意思说明白。”

如果我们语文老师都能像贾老师一样，达到这“起码的标准”，并在课堂上全力以赴、倍加细心地教学生朝这个标准努力，那么，我们的语文教学就大有希望了。

第二，精彩在学生学得好。贾老师对学生说的“你们的思维比我敏捷，语文学得比我还好”这句话，不只是谦辞，去掉其中的“比我”二字，就是对学生恰如其分的表扬。从这个教学片段中，我们看到了学生“良好的语文品质”。

郭沫若说：“胸藏万汇凭吞吐，笔有千钧任歙张。”贾老师执教的这个班的学生，在课堂展示的是他们的“昨天”。试想，这个班的学生如果没有平时——“昨天”的“胸藏万汇”，哪里会有今天的“凭吞吐”呢？这就告诉我们，语文老师一定要有积累意识，一定要把《语文课程标准》“少做题，多读书”的理念落到实处。发展语言才是硬道理。

清代教育家颜元说：“讲之功有限，习之功无已。”他主张的“实学”“实习”“实行”是非常有道理的。在课堂上，我们要像贾老师那样尽职尽责地呵护学生的言语表达，使他们的表达具有“良好的语文品质”。

记住陈钟樑先生所言

◆贾志敏

“靠本领吃饭。”不少人信奉过这么一句话。

想想也是，要干好任何一个行当，必须要有拿手绝活。绝活，俗称“看家本领”。说到这里，不由想起老资格的教育专家陈钟樑先生。

陈钟樑，特级教师。他长期在上海工作。先后担任重点中学校长、市教研室副主任、全国中语会理事。他博览群书，知识渊博，平易近人，谈吐不俗。他的讲演观点鲜明，材料翔实，旁征博引，言语生动，所以，颇受中小学教师的欢迎。

一次，我们同赴太原出席一个学术会议。会议结束，又同乘一个航班返回。

我们择邻而坐，交谈甚欢。陈先生妙语连珠，话锋甚健。与他交谈，不啻在享受精神大餐。

他说，语文教师更要懂得一点辩证法。给予学生深刻影响的教育，必须是具体、生动的，可供终身咀嚼的。他还列举了联合国前秘书长安南曾经说过的一番话：

小时候的一堂课上，老师拿出一张纸问大家：“你们看到什么啦？”孩子们争先恐后地回答：“一个黑点。”老师说：“这么大的一张白纸没有看到，就注意到这么一个小黑点。”接着，老师又拿出一张纸：“现在你们看到什么啦？”学生一齐回答：“一张好大好大的黑纸。”老师笑着说：“你们只注意到这张黑纸，却没有发现它正中的小白点。”

对于小学生而言，不可能真正明白老师出示这两张纸背后包含的哲理。然而，随着年龄的增长，知识增多，阅历丰富，孩子们自然会逐渐理解其真谛。当时，身为联合国秘书长的安南日理万机，每天要处理众多繁杂的国际事务，他必然会想起这两张普通的纸所揭示的辩证思想：既要抓住事物本质，又要发现事物亮点。

谈着谈着，自然谈到了语文教学。陈先生认为，作为语文教师，必须要具备以下“看家本领”：

第一，眼睛要“毒”。教师不必依赖“教参”，也不要照搬照抄别人用过的教案。要能独立解读文本，一眼看出文章里的奥妙来。

第二，目光要准。教师要做明白人，懂得用课文里的哪些材料去教，要提纲挈领，要抓主要的、重要的，不能面面俱到，切不可“眉毛胡子一把抓”。教师不能糊涂。教师糊涂了，学生势必越发糊涂。

第三，心地要善。当教师的，必须要有一颗爱心。要时时呵护学生，要真心实意地关爱学生；切不可嘲讽学生，伤害学生。

第四，嘴巴要“甜”。要不间断地鼓励学生。表扬学生要讲究艺术，要让被表扬者听了心花怒放，刻骨铭心。学生缺乏学习动力，是不会进步的。

不具备这些“看家本领”，我们的教学就会止步不前，“提高课堂教学效率”，就会变成一句空话。

“今君虽终，言犹在耳。”陈钟樑先生所言，生动形象，言简意赅，值得我们不断玩味并终生咀嚼。

放弃一切

◆王崧舟

已经是第26次执教《爸爸的花儿落了》。

不止一次，有老师问我，这样不断重复上，不会厌倦、麻木吗？不会！我对每一堂课都没有期待。

在西安，借班学生已经在会场候课，主办方告诉我，学生还没有拿到课文。再了解，学生之前根本不知道上什么课。问我咋办，我说“上”。

在山东德州，我希望借六年级学生上课（《爸爸的花儿落了》是人教版七年级下册教材的课文），主办方告诉我，学校最高只有五年级，而且生源还不太理想。问我咋办，我说“上”。

在河南延津，承办方是一所九年一贯制学校，非要我借七年级学生上课，尽管他们已经学过这一课。问我咋办，我说“上”。

没有一个班是相同的。更关键的是，没有一个班的基础和状态是你能掌控的。有所期待，只能意味着有所担忧、有所恐惧。执教者的担忧和恐惧，会像雾霾一样笼罩整个课堂。请问，这是你期待的课堂吗？

也不止一次，有老师问我，这么多堂课，哪堂是你最满意的？

在攀枝花上课，最后环节是学生仿写一段插叙。请一位女生朗读自己所写的插叙时，读着读着，女孩就哽咽起来，我也一时没止住，眼睛湿润了。那么多次执教《爸爸的花儿落了》，这样泪眼婆娑是唯一一次。

在深圳上课，第一个环节是完成一道单项选择题。题目不难，之前借班上课的学生没有一个选错。偏偏这一次，指名回答的学生选错了。其他学生争着举手要纠错，我不急，问她，你选的这件事儿发生在“今天”吗？女孩恍然大悟，马上做出了正确选择。我说——“真厉害！马上知错，马上改错，这是聪明，更是勇气！真厉害！”

那女孩也可能再次选错，也可能一直沉默。不要紧，该发生的一定要发生，无论你期待与否。当可能一旦成为事实，你唯一要做的就是无条件地接受它，放弃比较，放弃取舍。然后——没有然后，安住在事实发生的每一个当下。

在湖南江华上课，我请一位学生朗读“爸爸临终前对‘我’的叮嘱”。那是个男孩儿，中气十足，读得“声振林木，响遏行云”。我知道，他是在读，很认真、很投入地在读，但显然，那是“表演读”，而非真正入了境、动了心地“表现读”。我说——

“你一定知道此刻爸爸已经病得很重很重了。”他点头。

“你也一定知道此刻爸爸的喉咙是肿胀的，嗓子是嘶哑的。”他点头。

“孩子，忘记你是在朗读，把自己摆进去，你是英子的爸爸，你在说，你在对英子说，那么吃力，那么虚弱。”他开始说，完全变了一种声音。这瞬间而来的神奇变化，引得全场一片掌声。我说——

“老师们，此刻不需要掌声，谢谢你们的鼓励。其实，最好的鼓励就是全神贯注、聚精会神地听，你们懂的。”

那男孩也可能依然读得铿锵有力，也可能读得拿腔拿调、装腔作势，也可能入境动心却读得平平淡淡。不要紧，事实一定会按照事实本身的逻辑自然而然地呈现，你既不能掌控，也无法预期。你唯一要做的，就是静待花开、如实观照。

法国哲学家弗里德里克·格鲁在其《行走，一堂哲学课》一书中说：“当我们放弃一切时，恰巧是获得一切的开始；当我们无欲无求之际，恰巧得到的很多。”

进入课堂，也许放弃期待是最好的期待。执着于任何一种标准、任何一种原则、任何一种理论，除了作茧自缚、画地为牢，还能有别的什么结果呢？

放弃一切，慢慢走，欣赏啊！

像斯霞老师那样教语文

◆潘文彬

2017年伊始，南京市教学研究室在南京师范大学附属小学举办了“像斯霞老师那样教语文”研讨活动。我有幸参与了以“追求自然而纯粹的母语启蒙教育”为主题的“名师沙龙”，感慨良多。

如今，语文课堂在核心素养的召唤下正在发生转型，我们更加关注儿童的语文学习，希冀学生的语文学习能够在课堂上真正地发生。斯霞老师用她的爱心和智慧演绎的语文课堂，是学生学习纯真语文的课堂，是学生享受母语魅力的课堂，是学生智慧自然生长的课堂。她的课堂启迪我们要让语文学习真正发生，离不开教师的引导和点拨。

这里，不妨撷取斯霞老师的经典课例《李闯王渡黄河》中的一个教学环节，来领略她的课堂教学风采。

师：课题上这个“渡”字是什么意思？

生：“渡”就是过的意思。

师：那么，过马路能不能说“渡马路”呢？

生：不能。“渡”是用船渡过水面。

师：对。假使我们这样——（做泅水的动作）

生：“渡”就是从水里过，如渡水、毛主席横渡长江。

师：还有什么“渡”？

生：渡船、渡口。

生：东渡、摆渡。

师：对了，都是用这个“渡”字。因为是从水里过，所以“渡”字左边有三点水，大家记好了。

见微知著。斯霞老师的课堂引导质朴而灵动，自然而睿智，显现出她高超的课堂引导艺术。即：

导之有情。斯霞老师热爱儿童，她的“导”流淌着对学生无限的关爱。斯霞老师热爱母语，她的“导”彰显着汉语言文字的迷人魅力。斯霞老师把握了育人的精髓，她的“导”流淌着育人的智慧。

导之有趣。斯霞老师真懂儿童，她的“导”充满着儿童的趣味。斯霞老师真懂语文，她的“导”充满着语文的味道。在她的循循诱导之下，学生穿梭在语言文字的丛林里，寻幽探秘，在轻松愉悦中学习语文，享受学习。

导之有度。斯霞老师始终站在儿童的那一边，用恰切的方式引导儿童认识汉字、理解汉字，丰富儿童语言积累，引领儿童的语文学习，促进儿童的语言发展。斯霞老师的“导”自然而有法度，通过巧妙的追问，开启学生的思维，使得学生对汉字的理解和认识变得立体而丰满。

导之有法。斯霞老师把握儿童的认知特点，遵循儿童的学习规律，理解儿童出现的偏差，不急不躁，淡定平和，循循善诱，采用聊天的方式，由浅入深、循序渐进地引导儿童展开学习，让学生在不知不觉中习得知识，生成智慧。

导之有道。斯霞老师的“导”遵循儿童的发展之道，贴近儿童的最近发展区；遵循母语的学习之道，引导学生通过语文来学习语文；遵循课堂教学之道，以学生为主体，以对话为核心，引导学生亲历过程，让学生把“经历”变成“经验”。

行文至此，又想起了《学记》中的话：“道而弗牵，强而弗抑，开而弗达。道而弗牵则和，强而弗抑则易，开而弗达则思。和易以思，可谓善喻矣。”这是启发式教学思想的精髓。斯霞老师的教学智慧是对传统教学思想的传承与弘扬。

新常态下的语文课堂呼唤我们要像斯霞老师这样真教语文，启迪心智，让课堂呈现出“和易以思”的美好境界。

“我就是语文！”

◆于永正

一次，星云大师与信众对话。一位信众问星云大师什么是佛。大师说：“你就是佛，在座的各位都是佛。只要按佛的教义去做，人人都是佛。”说完，面对全体信众：“你们敢不敢说‘我就是佛’？”迟疑片刻，全体信众齐声说：“我就是佛！”

一天，和几位弟子聊语文时，谈及了星云大师的这件事。我问弟子：“你们敢不敢说‘我就是语文’？”众弟子面面相觑，说：“师父是语文，而我们却不敢说。”

其实，只要语文老师知道什么是语文，语文学科的使命是什么，怎样教语文，且具有较好的语文素养，都可以说：“我就是语文！”

什么是语文？不旁征博引，不抠字眼儿，说白了就是语言。语文学科的使命是什么？是教学生学语言、用语言的。教师怎样教？引导、点拨、示范。学生怎样学？多读多写。说得稍具体一点，语文就是教学生识字、写字、读书、背诵、表达（包括口头表达和书面表达）。至多再加一个：培养兴趣和习惯。如此而已！所以我说，每位知道了以上几点的语文老师，都可以说："我就是语文！"

写到这里，我又不由得想起了吉林省吉林市丰满区第二实验小学的杨巧云老师。有一年，杨老师教的班在全区升学考试中，取得了骄人的成绩，全区3000名小学生中，前17名都是杨老师班的！省教研室邓主任前去调研。杨老师说："我不会教，在学校里是无名小卒，从未上过公开课。六年来，我只让学生做了两件事：读课外书和写日记。"邓主任随手翻阅了几本学生写的日记。那日记的内容和语言，果然非凡，让邓主任吃惊。

杨老师不会花里胡哨的设计教案，不会掘地三尺的内容分析，也不会制作令家长也琢磨不透的练习题，但她懂得学语文的规律——多读多写，读写结合！她懂得引导和鼓励！循循善诱，遵照规律去做，她的学生就优秀了。杨巧云老师不就是语文吗？

20世纪80年代，我在徐州科学会堂听了杜殿坤教授的一个报告。他说："只要老师知识渊博，能说会道，师德又好，怎么教都能教好，哪怕是满堂灌。"他讲了他的一位中学国文老师。这位先生不但满腹经纶、才华横溢、出口成章，而且写得一手好字和文章。同学们都崇拜他，喜欢上他的课，喜欢国文，国文成绩都很好。这样的老师本身不就是语文吗？不就是一本厚厚的、博大精深的语文教科书吗？

正因为如此，几十年来，我努力练朗读，力求让我的朗读有感染力；我努力练书法，力求让板书（包括写在学生作文本上的评语）成为学生的字帖，让学生读懂什么叫"认真"，什么叫"一丝不苟"；我努力读书，力求把自己这本书写厚，把自己的"缸"装满；努力写好"下水文"，力求成为学生的习作例文……总之，努力做到当我再说"我就是语文"时，底气足一点。

课改，改来改去，落脚点是改老师。老师要努力修炼（包括理论和业务上的），从改自己做起。

凡是有先进的教学理念，又有较好的语文素养的语文老师，都可以说："我就是语文！"

老师，你真的懂儿童吗

◆孙双金

一首《懂你》曾经风靡全国。那是儿女献给母亲的歌，希望懂得母亲，理解母亲，陪伴母亲。

其实，我们做儿女的真的懂得母亲、理解母亲吗？未必！同理，我们从事儿童教育的老师真的懂儿童、理解儿童吗？

现实当中，我们有太多人因为不懂儿童而好心办了坏事：

因为不懂得儿童集中注意力时间只有20分钟，当孩子在课堂上开小差时，被老师批评罚站的现象屡见不鲜。

因为不懂得好玩是儿童的天性，老师因责罚学生而被家长责问，甚至闹出人命的悲惨案例，仍让我们心有余悸。

因为不懂得好奇、好新、好挑战是儿童的认知特点，老师套用一种教学模式包打天下，学生因此厌倦语文课堂，语文成了学生最不喜欢的学科，这种现象让人痛心不已。

那么，儿童到底是什么呢？

儿童是蒙童，是被遮蔽的学子，懵懵懂懂，浑浑噩噩，处在未开化的世界。古代的“學（学）”字，底下一个“子”字，头上顶着一个长长的秃宝盖，这个“冖”就像一个巨大的屏障把孩子遮蔽了。这说明每一个人生下来都是被遮蔽着的人，需要去掉遮蔽，需要启蒙，需要开化，需要智慧的启迪。

儿童天性好学，他们有一颗好奇心、探究心。他们睁着一双大眼睛发现世界，带着一对大耳朵谛听世界，生就一双小手触摸世界。他们满脑子装满问题，一肚子的“为什么”。他们好奇，好新，好玩，好挑战，我们的教学就是为了满足儿童的好奇心，永葆儿童神圣的探究心、猎奇心。

儿童世界是充满了无限可能性的世界。他们有无限的潜能，有无限的空间，有无限的生长力。陶行知说过：“人人都说小孩小，小孩人小心不小。你若以为小孩小，你比小孩还要小。”正因为孩子有着无限的潜能，因此，我们不能因低估孩子而总在零起点上教学，总是提一些小儿科的、没有思维含量的问题。我们要适当增加教学的难度，让儿童跳两跳才能摘到果子，这样的教学才是发展的教学，才是遵循儿童认知规律的教学，才是有价值的教学。

儿童需要怎样的教学呢？

儿童需要有趣的教学。趣味性永远是教学的第一属性！有趣的教学能调动起学生的情感，让他们喜爱学习；有趣的教学能激活学生的思维，让他们投入学习；有趣的教学能提高学习的效率，让他们乐此不疲，兴高采烈。

儿童需要有思想的教学。“我思故我在”，思维之花是地球上最美的花朵。唯有充满思维含量的教学才是真正的教学，才能让学生柳暗花明，拨云见日；才能让学生茅塞顿开，醍醐灌顶。

儿童需要有故事的教学。爱听故事是儿童的天性，故事中有生动曲折的情节，有个性鲜明的人物，有令人神往的场景。故事教学要求我们的教学要有形象性、直观性和情境性；故事教学要求我们的教学要有曲折性，一波三折，扣人心弦；故事教学要求我们的教学要寓理于事，少讲大道理，多讲小故事。

老师们，如果我们真正懂得了儿童，我们就能成为成人世界派到儿童世界的天使，我们手里就有了教学的“魔杖”，就能像斯霞老师那样独创“童心母爱”，就能像于永正老师那样创造自己的“儿童语文”，就能在儿童世界里演奏出动人心弦的教学乐章。

好课的三种感觉

◆吴民益

让学生有参与感。我们经常强调要让学生成为课堂的主人，但如今的很多课堂上，教师仍然是主人。教师讲，学生听；教师问，学生答。教师让学生干什么，学生就干什么。学生始终处于被动的学习状态，思维不积极，想象不丰富，表达不精彩。离开了教师，学生就不会学，不愿学。学习是一种自我建构的过程，只有让学生真正参与学习，让学习真正发生在学生身上，学习才是有效的。为此，我们应把课堂还给学生，让他们积极参与学习过程：让他们自主地阅读、思考、批注，真正地与文本对话；让他们互相交流阅读所得，共同讨论疑难问题，互相学习，共同成长；让他们大胆展示自己的学习成果，或深情朗读，或精彩回答，或合作表演；让他们评价同伴的学习过程、学习成果。这样的课堂使学生有了参与感，觉得学习是自己的事，培养了学生独立学习、合作交流的能力，学生成了课堂的主人，成了学习的主人。这样的课堂，使讲堂变成了学堂，教师由一线退居二线，由讲师变成了导师。这样的课堂是提高教学效率、减轻学生负担的课堂。这样的课堂是“俏也不争春，只把春来报”的课堂。

让学生有获得感。现在有很多课，教与不教，学与不学，没有什么实质性的不同。一些课文，学生看一两遍基本就懂了，一堂课学下来，没有什么发展和提升。这是一种“空心课”。一堂好课，我们应该让学生有获得感，在学习方法、思维和表达等方面有发展，有提升。如同样是用“骄傲”造句，有的老师让学生造几句就了事。而有的老师则引导学生不仅造人骄傲的句子，还让学生造动物、植物骄傲的句子；不仅造陈述句，还造反问句、排比句；不仅造比喻句，还造拟人句等。这样的教学，学生不仅获得了造句的方法，语言表达也获得了发展。因此，老师在课堂上要“无中生有”，注意引导学生在看似明白的地方发现新问题；要“常中生奇”，在看似平常的语言中发现不平常；要“旧中生新”，对旧问题有新的解读；要“对中生疑”，在似乎无可辩驳的定论中大胆质疑。

让学生有幸福感。上课一本正经，一脸严肃，目光敏锐，不停扫视教室，发现哪位学生不认真听讲随即训斥，甚至罚站；面对学生的质疑，要么打压，要么嘲讽——在这样的氛围里学习，学生怎能感到幸福？要让学生有幸福感，首先要让学生有安全感，要面带微笑，对学生的错误要有宽容心；要让学生有幸福感，对学生的点滴进步就要不惜表扬；要让学生有幸福感，就要让学生参与学习过程，独学、对学、群学、探学，让他们展示、表现，使他们真正成为学习的主人，课堂的主角；要让学生有幸福感，就要让学生有获得感，获得学习方法，获得思维的提升，获得语言的发展；要让学生有幸福感，就要让自己的课堂有趣、有料，让学生盼着上自己的课。

什么样的课是好课？我们不能仅仅自我感觉良好，而应站在学生的角度去感觉。

重要的是经历

◆薛法根

高耗低效几乎成了语文教学的一个魔咒，为何难以解除？或许，从其他学科的教学中可以得到一些有益的启示。

我听过一位数学老师上《圆的面积》。老师先把圆切分重组为长方形，再从长方形的面积推导出圆面积的计算公式，最后运用公式计算不同圆的面积。一节课只教一个内容，留给学生充足的时间反复练习，教得少，学得透。反观语文老师教任何一篇课文，从识字、学词到朗读课文，再从逐段理解到内容概括，从词句含义揣摩到文本情感体会，从主题归纳到写法迁移、延伸阅读，林林总总，几十个教学点，平均两分钟就要完成一个教学内容。这就像一个人拿着电视遥控器，一两分钟换一个频道，四十分钟换了二十多个频道，看得眼花却没留下印象。这样的教学只有流程，而无过程，学过了却未必学会了。有效的语文课堂教学不求教得完整，但求学得充分，不妨让学生在有限的时间里，聚焦课文的某个关键点，潜心会文，反复咀嚼，最终得其滋味，领悟读与写的奥妙。要知道，任何知识都需要一段消化理解的时间，都需要一个实践转化的过程，压缩或者省略这个过程，必然造成“消化不良”，知识会变成沉重的负担。何况，语文学习本身是一种语言的实践活动，是生活经验和语文经验的累积过程。经验，一定来自个体的实践经历，而非纯粹的理性认知。

我还看过一位体育老师上《立定跳远》课。他先给学生示范，再将动作分解为“下蹲、往后摆臂、起跳、快速往上摆臂”，每个动作逐个进行训练；最后在地上画了两条线，一条是女生的合格线，一条是男生的合格线。学生一个一个跳，过了线的就去自由活动，没过线的留下来重新训练。两轮之后，只剩下一个胖乎乎的女生，怎么跳都没过合格线。这位体育老师再次从头教起，盯着女生练习。大概练了二三十次，那个女生摆臂起跳，动作协调，一下子跳过了男生的合格线，高兴得边叫边跑着去玩了。不达目的不罢休，这就是体育老师的硬功夫！再看看我们语文老师教朗读，一个学生读得不太好，换一个，还是不满意，再换一个。一直等到有个朗读出彩的学生，立刻号召“像他那样读一读”。殊不知，那两个没读好的学生，几乎没有得到任何点拨指导，不知道自己哪儿没读好，也不知道该怎么读，没有经历一个从不懂到懂、从不会到会的转变过程。教学的意义就在于让学生经历这样一个改变的过程，没有改变，真正的学习就没有发生。于永正老师曾经教一个学生就一段文字连读了10遍，那个“熊孩子”居然还是没读好。于老师鼓励他说：“没关系，10遍不行，咱读第11遍！”最后，那个学生终于读对了、读好了。我相信，那个学生一辈子都不会忘记于老师的这堂语文课。比读得精彩更重要的，是过程，是经历，是一步一步走过去的脚印。这个脚印，不仅仅是朗读能力的发展，还有语文学习品格的形成。试问，一个连读10遍都没有成功的学生，还能坚持读第11遍，需要何等的勇气和毅力！频繁地变换教学对象，只会使那些需要教的学生失去宝贵的锻炼机会，失去弥足珍贵的学习经历。一颗没有经历风雨的种子，只能干瘪而不能饱满。

频繁地变换教学内容，频繁地变换教学对象，造成学生语文学习经历的逼仄与错失。聚焦核心内容，把时间还给学生，学得更充分；关注学习个体，把过程还给学生，学得更积极。经历语文，才能生长智慧。

永远对孩子放心

◆王崧舟

孩子是用来放心的。

最近拿苏轼的《记承天寺夜游》给六年级的孩子学，总有借班老师不放心：会不会太难，孩子跟不上？

我心说：只怕不是孩子跟不上。于是我宽慰他们：一路走，自有一路风景。说这话时，我也只是一种隔山望云般的远意。太亲近，太纠缠，对师生都是一场灾难。像观山水，远远看着，就好。若即若离时，一种生命的风景自来亲你。

要论写月色，《记承天寺夜游》当得起“独步天下”。苏轼的文字美到令人窒息：

“庭下如积水空明，水中藻、荇交横，盖竹柏影也。”

教学时，我问孩子们：月色在哪里？有的说：庭下没有积水，积水空明写的就是月色；有的说：庭下也没有藻、荇，藻、荇交横是竹柏的影子，有影子也是因为有月色。

这层意思，孩子明了。我说：既然积水空明写的是月色，藻、荇交横写的也是月色，那就把“月色”二字加进去吧：

“庭下月色如积水空明，水中藻、荇交横，盖竹柏影也。”

加，还是不加？课堂顿时风生水起，波澜起伏。有人说，你就不担心孩子们问而不答、答非所问？我说，我只担心我的心静不下来。孩子们的心，我担不了，也无处可担。这不，每次借班，每次学到这里，总有风景如流水飞花一般来亲我。且听孩子们的心：

1. 不能加。加上“月色”二字，读起来就太直白了。

2. 不能加。加上“月色”二字，神秘感就没有了。

3. 不能加。加上“月色”二字，朦胧的意境就没有了。

4. 不能加。加上“月色”二字，后面的“盖竹柏影也”就说不通了。因为早就知道这是月色，就不会有后面的恍然大悟了。

5. 不能加。这里写的是苏轼的第一印象，第一印象就是以为是积水、是藻荇。

6. 不能加。不加，给读者留下想象的空间。

7. 不能加。不加，读起来会有一种期待感，庭下怎么会有积水呢？读下去才发现，原来竟是月色。

8. 不能加。不加，才显得含蓄；含蓄，读起来才有味道。

9. 不能加。不加，说明苏轼那一刻完全沉醉了，融入了月色之中。

10. 不能加。联系上下文就知道，上文写了“月色入户”，下文写了“何夜无月”，中间的“月色”二字就可以省去，这样才精练。

孩子们的心，我如实观照、了了分明。孩子们的见解，远超出我的经验、判断和想象，甚至超出了专攻古文的专家学者。一位研究苏轼的教授现场听完课，不无感慨地说：这最后一种见解，就连他也不曾想到。

有人说，那是你引导得好。我只能说，罪过罪过。有时候，引导是一种干扰、一种搅局、一种遮蔽。我以为，师生一场，有比引导更真实的生活在——

放心。

与“放心”相反的，则是：牵挂、记挂、顾忌、不安、忧虑、挂心、担心、害怕、担忧、操心、顾虑、挂念、焦虑、挂虑……

每一个反义词都充满煞气。煞气令课堂星辰陨落、黑雾弥散。如何化煞？唯有“放心”。

放心处，风烟俱净，天山共色。从流飘荡，任意东西。这才是课堂上该有的生命景致。

你放心，孩子自然放心。孩子放心，天性自然流露。天性一流露，哪还有是非成败、贤愚好坏？正所谓：万物静观皆自得，四时佳兴与人同。

我们但知教学是“有”：有目的、有计划、有模式、有策略、有质量、有评价……只要执着“有”，便难有放心处。

却不知教学亦是“无”：无唯一尺度，无固定模式，无万能策略，无静态质量，无统一步骤，无最高标准……在“无”的境界中，我们无心可放，却处处放心。

如果说，教学之“有”，是一种对生长的确定；那么，教学之“无”，则是给生长以无限的可能。

所谓放心，乃是对“生长可能性”的无条件相信。对教学，愈接近无的境界，你便愈放心。

努力，从写好一个字开始……

◆于永正

一位记者采访我的时候，问了这样一个问题："于老师，您有职业倦怠感吗？"

我说"没有"。毋庸置疑，做老师很辛苦，小学老师尤甚。但我从未懈怠过，更未厌倦过。为什么？因为我喜欢语文教学。我一直在思考、研究、探索怎样教儿童学语文。探索是无止境的。

不说别的，单就"新课导入"这个环节来说吧，多么值得我们去探讨呀！怎样导入才会有悬念，从而激发起学生读书的兴趣？我每备一课的时候，常常为"导入"思考好一阵子。如果学生预习了，怎么导入？如果学生没预习，怎么导入？有时候，该学习第六课，我却出其不意地提前学习第七课。为什么？因为备课时，我想好了一个学生在不知课文内容的情况下的导入方法！一旦想出个好的导入方法，心里真有说不出的高兴。一天，一位年轻老师要参加赛课，上《金色的细雨》，请教我如何“导入”。我立即陷入沉思。半天，我叫了一声：“有了！”我对她说：“你先在黑板上写一个‘雨’字，问小朋友，谁能用‘雨’来组词？学生肯定会组很多，其中肯定会有‘细雨’‘牛毛细雨’。一旦有了这两个词语，你就在‘雨’字前加一个‘细’字。然后说，你们见过‘大雨’‘暴雨’‘毛毛细雨’，但是——你们见过‘金色的细雨’吗？说完，你在‘细雨’前再加上‘金色的’三个字。然后问，那么‘金色的细雨’是什么雨呢？请打开书，读课文。谁读懂了，请告诉大家。”

那次赛课，她获得了第一名。

再比如写字。老师只是提醒字的间架结构，其作用不太大。关键是老师要读楷书字帖，并去临摹，掌握每笔从哪儿起笔，在哪儿收笔。特别是关键笔画，一定要边示范边提醒学生。如指导“娃”字，怎样写女字旁？起笔“撇点”，“撇”要高起笔，“点”要写短，为什么？要留出空间写右边的“圭”。“圭”是两个“土”，第二个“土”的最后一笔写长一点，起笔从女字旁“撇点”的下方向右上写出去。如此，“娃”字才能稳稳当当。这样的“娃”才是好“娃”！

同样是宝盖头，多数字的宝盖头要写宽一点，但“安”的宝盖头要小，“安要好，宝盖头要小”。备写字是我备课的内容之一。每个楷体字都有讲究，都有需要点拨的地方。能把每个要求学生写的字写规范，是一个多么有意思的事啊！

备朗读课我下的功夫最多。《一分钟》这篇课文，我读了七八遍才在语气上、停顿上找到了感觉。发到网上以后，全国不少老师听了都为我点赞。

还有，写好了一篇下水文，想出了一个好教学环节……常常让我兴奋不已。亲爱的老师们，当我对语文教学痴迷到忘我的程度，真的不知“倦怠”为何物！

老师们，希望寄托在你们身上。

努力，从写好一个生字开始，进而写好每个生字；

努力，从朗读好一篇课文开始，进而拿到一篇课文便会望文生情；

努力，从上好一节课开始，进而上好每节课；

努力，从读一本书开始，进而养成读书的习惯，成为习惯的“铁杆粉丝”……

我坚信，“走着走着，花就开了”。

当花儿一朵接着一朵在我们面前绽放时，只会收获喜悦，而不会收获倦怠。

语文教师要写点东西

◆武凤霞

写作应该是语文教师的基本功，这一点毋庸置疑，因为，一个教学生语言文字的人，自己首先就应该是语言文字的主人。

但现实是，我们身边有很多语文教师不写文章，而且不会写文章。这的确是真的。

最初发现这个问题是从那寥寥数语的期末评语中。这仅仅百字左右、三言两语的评语，是教师对学生一学期表现做出的相对比较客观的评价，信息量大，涵盖面广，言简意赅，综述了学生各方面成长的信息。担负这项工作的大多是语文教师。但即使像这样的不用理论支撑、不用论述论证的、以白描为主的句群，很多教师依然不能高质量完成。且不说叙述语言的寡淡无味，连文从字顺这一基本要求有的老师都做不到。叙述不讲层次、语言信马由缰的现象不在少数，甚至还常常看到不少缺少句子成分、用词不当的病句等。如此状况难免让人忧心。参加职称评审，看到参评教师提供的文章以获奖文章居多，正规期刊发表的文章却寥寥无几，核心期刊发表的更是凤毛麟角。这些现象无不昭示着一个严肃的问题——语文教师，这个教孩子们学文章、写文章的人，自己并没有足够的能力写好文章，甚至就是一个不写文章的人。

语文教师，的确应该经常写点东西！

首先是身份的需要。我们是语文教师，我们是教孩子学习语言文字、用语言文字记录生活、表达思想的人。如果已所不能，如果已所不愿，如何有能力更好地帮助学生熟练使用语言文字？所以，我们的语文教师身份首先就需要我们是一个会写文章的人。教师自己会写才能对文字有足够的敏感，才能有娴熟驾驭语言文字的能力，才能知道如何使用文字很好地表达，才能对文章的结构安排、素材选择有一个更明晰的把握，才能用自己的写作实践有效地指导学生的写作练习。

其次是思维力提升的需要。所谓思维力，是指人脑对客观事物间接的、概括的反应能力。语文是教孩子们从语言文字中感知、提炼信息，并从中了解社会、积淀文化素养的学科。不少文字表述隐晦，思维张力大，要指导学生读懂，并不十分容易。所以，在阅读逐渐走向深刻的今天，思维力的强弱是一个教师优秀与否的重要表征。写点东西，无论我们写的是什么，哪怕是最简单的教学实录，哪怕是最普通的教学随笔，当写下形成一定主题的文字时，就不能不去关注所记述内容的内在联系，关注教学或者事件本身隐藏的深层意义。在这一系列的关注和提炼中，教师阅读文字、认识事物、深度思考、清晰表达的能力就会得到有效提升。

最后是研究力提升的需要。教师对教育教学进行研究，是提升教师专业技能不可替代的路径。这里的研究是跳出课堂以外对教学的审视，是跳出事件以后对事件做出的理性判断与思考。在研究中，教师对理论的获取更有指向性，对教育教学实践的优劣更有判断性，由此产生的思考更有深度和普适性。思考以后的写作，会使教师将理论与实践融合，并在进行文字表达的过程中走向一个新的高度。这个过程就是成长。

所以，我们既然走进了教师的队伍里，站在了语文教师的行列中，那么，写作，就是我们的基本功；写点东西，就应该成为我们日常的生活。

尊重孩子的选择

◆吴　勇

我曾经在一所学校，亲身经历了两个令人非常振奋、非常感动的教育场景。

其一，在校园中心大道与球类运动场之间有一段绿化带，这里一年四季都盛开着不同种类和色彩的花。参观校园的人无不为这鲜花簇拥的大道啧啧称赞。可是在有一年冬季，这条绿化带上却出现了一段鲜明的足迹。不少高年级学生进入运动场，不是绕道走几十米外的专用通道，而是走“直线”，弹跳比较好的学生腾空飞跃，那些比较拘谨的学生则沿着前人的“足迹”横穿而过。几个星期后，更多的学生加入了“走捷径”的行列，这里成了大家心中默认的“绿色通道”。又过了几天，几个工人运来了水泥和沙石，绿化带上被学生自由踩下的“路”变成了一条真正的水泥路，并贴上了色彩明快的大理石做装饰。通往运动场的路由以前的两条，变成了三条。从那以后，无论什么时候打这儿经过，我再也没有见到孩子们重新“创造”新的路。

其二，学校教学楼和餐厅之间，有一泓碧波荡漾的人工湖，湖底铺着鹅卵石，水面澄碧，像一块翡翠镶嵌在校园的中心。在湖的四周栽着婀娜多姿的垂柳，种着各种花草，仿佛给人工湖戴上了一条色彩绚丽的围巾。特别是春、夏、秋三季，学生吃完了饭，免不了“逃过”带班老师的视线，越过花草的“屏障”，到湖边洗洗小手，或用手拍打拍打水面。到了夏季，有的小朋友甚至脱了鞋子，坐在湖边洗脚，“沧浪之水清兮，可以濯吾缨；沧浪之水浊兮，可以濯吾足”。这是古人为我们现代校园描绘的一幅生动的生活图景。时间一长，在孩子们经常“戏水”的地方便出现了几条清晰的“人工”小径。一年刚开春，我再次在湖边漫步时，发现人工小径不见了，取而代之的是草丛中依稀可见的点式“路桩”，一直延伸到湖边。看着女儿在“路桩”上快活地跳跃，我从心底为像她一样的孩子感到幸福。

透视这两个场景，前半部分描述的现象在其他的学校屡见不鲜，而后半部分所采取的对策则显然大相径庭。面对着孩子的“越轨”，我们惯用的“伎俩”便是加强“爱校”“爱护绿化”的教育，如果效果不明显，便拍上几段孩子越过草坪的视频，在学校电视台中播放，以儆效尤。可是绿化带上的小路的宽度、条数在悄然“生长”，于是又把注意力转向班主任，责怪他们教育不力，随即出台一系列的惩戒手段。可是在这一系列的“善后”行动中，谁也没有考虑到童心的价值，谁也没有设身处地理解潜藏在儿童“不轨行为”后面的正当心理需要。

中国远古便有大禹治水“宜疏不宜堵”的成功经验，在经济高度发达的美国也有“迪士尼”乐园让游客设计游览路径的经典案例。尽管前者针对的是“物”，后者尊重的是“人”，但是这两者的逻辑起点却是一致的，那就是承认客观事实合理的一面，确信“存在即价值”的认识观，给予场景中的人和物最大的关注。其实，这就是我们教育界一直推崇的以人为本、以生为本的教育观。

作为一名教育工作者，我们必须每日“三省吾身”：反省自己的教育行动，是否建立在学生心理需要的基础上；反省自己的教学设计，是否把尊重孩子的天性放在首位；反省自己向学生提出的一些“规章”和“制度”，是否侵犯了学生作为人的权利。只有这样，才能兴办“一切为了孩子，为了孩子的一切”的真教育！

人生究竟要读多少本书

◆薛法根

经常有老师请我推荐几本好书，每次我都非常汗颜，因为我自知读书不多，何谈荐书给别人读？我常常惊叹那些好读书的人，听着他们侃侃而谈，时不时地引用某某书中的经典语段，让人羡慕不已。羡的是他们有那么多的好书，慕的是他们有那么好的记性。大概读得多了，积累就厚实了，谈起某个话题自然就能够随性而发、精彩无限了。人生的确应该时刻与书为伴，常读书，改变的不仅仅是精神底色，还有容颜。书香气质，会给人带来精神的气色，人自然就儒雅而有神韵。一个不读书的人，往往精神与容颜一样，衰老得很快，即使保养容颜，也不值得被赞许为美丽。

但是，人生究竟要读多少本书才够呢？这样问显得很傻很天真，答案自然是活到老读到老。也有人说，人的一生只要读三四十本书就够了，这三四十本书读完了，就有了人生的压舱石，就不会在生活的风浪中摇摆翻船了。我想，这三四十本书，一定是人生必读的大书！这些书奠定了一个人的精神底色，给予我们人生的方向与生活准则。还有人说，书不读三遍就没有发言权。一本值得读的书至少要读三遍以上，才有所心得。我有一个朋友，把稻盛和夫的《活法》整整读了不下二十遍，重要的章节几乎脱口而出。最近，他又在读《道德经》，据说已经读了八十多遍，准备读一百遍。书读百遍，其义自见。我想他读完一百遍之后，对《道德经》的领悟，或许非常人所能比的。我从心里佩服他的读书毅力，要知道，大多数人读《道德经》连一遍都难以读完。

一次参加一位校长的专业发展规划会，他计划每年读两本教育专著。与会的专家调侃说，中国人每年人均读书四点五本，你的读书计划连普通中国人都不如，专业怎么发展？其实，那位校长每年读的书远不止这两本专著，可能会读非常多。但他所指的两本专著阅读，是那种精读、细研的阅读，是不读三遍不发言的阅读，是将书读厚的阅读。其实，很多专业发展计划中罗列的书目，我们可以随便翻翻，唯有自己深感重要的经典之作，才须下功夫研读。每个人的研究方向及面临的问题都不一样，所以阅读中选择的重要之作也有所不同。学为所用，才会读得专心，读得透彻，读到别人读不到的东西。因为此时的阅读，读的是别人的书，想的是自己的事，常常会借别人的思想思考自身的问题，因而所得与他人不同。我想，这样的书每年读几本，远胜于几十本书的“快餐式”阅读。把有限的时间，花在那些有分量的书里，不失为一种阅读的智慧。

人生究竟要读多少本书？其实读书并不在多少，而在于你是否真正读进去并且走出来了。用三四十本经典阅读垫底，而后选你读得进去的书读，就会获得快乐的阅读人生。

书，如果不能让你读得快乐，不能给你精神的幸福，那么还是少读为好。与其读呆了、读傻了，不如不读书。

课堂的记忆

◆贾志敏

老树的年轮上，记载着昨天的繁荣与创伤；课堂的记忆里，刻录着消逝的精彩和遗憾。

65年前，课堂上。

一个孩子终于磕磕绊绊地读完10个生字。真糟糕，还读错3个！他惶惶不安，等待着老师指责。然而，老师没有批评他，却说："真了不起，10个生字居然读对7个。为他鼓掌！"话毕，老师带头拍起手来，教室里掌声骤起。那个男孩第一次得到大家的认可，终于抬起头，露出了笑容……

这个男孩，长大以后也当了老师，而且当了一辈子老师。他，就是读小学时候的我。

35年前，课堂上。

一个小女生正声情并茂地朗读《十里长街送总理》。读得实在太好了！闻者全都屏住呼吸，几位听课教师还掏出手绢悄悄抹去泪水。

读完，老师走到这个小女生跟前，问："有纸巾吗?"

小女生点点头，从衣袋里掏出纸巾准备递给老师。

老师弯着腰，把脸凑到小女生跟前，说："帮我擦去泪水，是被你感动得流下来的。"

泪水被擦去之后，老师向她要这张纸巾，准备扔到纸篓里去。

小女生说："不给行吗？我想保存它。"老师点点头，走开了。

这个流泪的教师，也是我。那位小女生后来成了上海电视台的节目主持人，目前在英国广播公司主持华语节目。

已故教育专家陈钟樑先生生前曾介绍过自己的一段课堂经历——

读中学时，他的文章已经写得极好，经常见诸报端并屡获校方嘉奖。一次作文讲评课上，老师竟说他的作文"很不理想"。这多少有点出乎众人意料。须臾，老师才道出原委：原来千字作文里仅错用一个标点。老师连声说："可惜！可惜！陈钟樑的作文怎么可以出这种差错?"真是醍醐灌顶。

自此，凡是他交出的文章必经多次诵读，反复推敲，再三修改，绝不允许差错再现。

多少年了，他一直铭记着这位老师，时刻不忘这次"批评"。

后来，当了校长的他，经常告诫教师，不要整日唠叨那些陈词滥调，教师的语言要生动、鲜活、简明、幽默，还要与时俱进。

"今君虽终，言犹在耳。"陈钟樑先生所言，生动形象，言简意赅，值得我们不断玩味并终生咀嚼。

杂谈“舍得”

◆鱼利明

夜读平凹先生的赠书《自在独行》，令我染神刻骨：“会活的人，或者说取得成功的人，其实懂得了两个字：舍得。不舍不得，小舍小得，大舍大得。”

小长假，邀几位从广东来的朋友去达坂城古道徒步。说是广东客人，实则为在广东工作和生活的新疆人。席间大家聊到买房问题，这是国人“三句话不离房市”的真实写照。一人后悔五年前没有卖了家乡的房子在中山买房，如今中山的房价较五年前翻了数倍，“亏损”几百万；另一人则庆幸三年前变卖了所有的家当在深圳购房，净赚几百万。原来，舍得舍得，有舍才有得。

前几年我在风水宝地水磨河旁按揭了一套住房，做会客和工作之用。搬家时，苦恼来了：物件渐多，不仅搬着麻烦，而且取舍极难，必须得经历一次自弃敝帚的折磨。可老件加新置，无论怎么取舍总是犯选择性障碍病。干脆把旧衣服、旧家具等整整齐齐地摆放在楼下的垃圾桶旁，希望有用得着的人顺手拿走。丢弃了旧家什、住进新居之后，心里也变得敞亮，终究轻松快乐了。我想：搬家本身也许就是个丢弃本已无用、内心却想不起亦舍不得丢弃的物件的天赐时机，为的就是吐故纳新，焕发活力，再得快乐。果然，舍得舍得，有舍才有得。

听老人说搬新家要闹房，这样才人丁兴旺，热闹繁荣。于是微信邀友来新房一聚。来者多为同行，席间大谈搬家时的种种，原来有这样经历的人并不少。聊兴渐浓，话题又聚焦在“舍得”这一人生哲理上。梁羽生“舍”虚名“得”友谊，与金庸成为肝胆相照的朋友；大诗人苏东坡从成功的顶峰跌落下来，一直跌到黄州赤壁，但稍作调整之后，即用《赤壁赋》宣告了他的“文学突破”，诠释了从表面成功蜕变成本质成功的故事。成人世界方得舍得之道，孩童的教材内也处处有舍得的故事：《巨人的花园》中巨人拆除围墙得到幸福；《中彩那天》父亲放弃对金钱的无止境追求，得到了快乐和安心的生活；《跨越百年的美丽》中居里夫人舍弃名利与荣耀得到事业与尊严；《学弈》则告诉我们“逐二兔，不得一兔”。做事若心有旁骛，想面面俱到，反而会落得满盘皆输。看来从书外到书里，从孩童到老者……莫不如此。真的，舍得舍得，有舍才有得。

生活如此，教学亦循舍得之道：做到删繁就简，重点突出，贵在以少胜多，一课一得，得得相连，这样的课堂教学才是有效的教学。课堂教学如何取舍，我以为当遵守“三讲三不讲”之道，即课文写了什么（写作内容）要讲，课文怎么写的（写作思路）要讲，课文怎么写好的（写作技巧）要讲；学生会的不讲，学生通过自主探究或交流能自己解决的问题不讲，讲了学生也不明白的不讲。

还是那句话，舍得舍得，有舍才有得。

课比天大

◆王崧舟

此“天”非彼“天”。

彼“天”者，天空之“天”也；此“天”者，天道之“天”也。

子曰：“天之未丧斯文也，匡人其如予何？”

孔子的“天”，不在他头上，只在他心中。这是信仰的“天”，神圣的“天”，“朝闻道，夕死可矣”的“天”。

课比天大，此之谓也。

课之天，指什么？

学习王冕的《墨梅》，我带着孩子们看见“家中梅”，看见“画中梅”，更不忘看见“心中梅”。

看见“心中梅”，难就难在“清气”的还原与建构。多数人写梅花，着笔在“香气”；唯独王冕写梅花，着意于“清气”。一字之差，天壤之别。通过联系王冕生平、猜想王冕志向、品读王冕诗句，学生终于领悟：

香气写的是花，清气写的是人；

香气是鼻子闻出来的，清气是心灵品出来的；

香气每个人都能闻到，清气只有高洁之士才能品到。

梅尧臣说：“诗之道虽小，然用意之深，可与天地参功，鬼神争奥。”那是因为，每一首中国诗里都有一个中国式的人格在。

“人即目的。”这是我们语文的天。

学习王冕的《墨梅》，我以读代讲，请学生读出“我家洗砚池边树”中“我家”所饱含的那份自豪。

一个学生读得平平淡淡，明显缺乏自信。我请他回忆，学习上、生活中是否有过自豪的时候。他先是否定，继而沉默，最后眼泪夺眶而出。我将他搂在怀里，当着所有人的面，这样说：“为了品尝自豪的味道，这孩子等了整整10年了。该是他自豪的时候了，我们怎么做?”台上台下响起热烈的掌声。

我对他说：“今天，你当着这么多同学和老师的面，落落大方地站起来，清清楚楚地读出来。记住，这就是你最自豪的时候！”台上台下又一次响起热烈的掌声。

孩子笑了，羞涩得好像一朵花。

雅思贝尔斯认为：“所谓教育，不过是人对人的主体间灵肉交流的活动。”因为，只有有了主体间的灵肉交流，学生才有了生长的可能与机会。

“人即目的。”这是我们教育的天。

学习王冕的《墨梅》，我请学生通过多媒体观察王冕的真迹《墨梅图》。学生惊讶地发现，《墨梅图》上所画的每一朵梅花，既非鲜艳的红色，也非雪亮的白色，而是灰灰的、旧旧的淡墨色。

直到他们了解了王冕为人，才对“淡墨痕”有了全新解读，并将自己的解读转化为“淡”的组词——

一个说：这是一种“清淡”。我说：干干净净做人，就是王冕的“清淡”；

一个说：这是一种“平淡”。我说：平平淡淡才是真，做一个真人，就是王冕的“平淡”；

一个说：这是一种“冷淡”。全场愕然，以为大谬。我问：王冕对什么表示冷淡？学生说：对达官贵人冷淡。有人补充：对荣华富贵冷淡，对光宗耀祖冷淡，对功名利禄冷淡……

如果说，“清淡”“平淡”是意料中词，“冷淡”绝对是半路杀出的、令人措手不及的词。但我没有意外，更没有沮丧。我以自己的敞亮，让学生看见了“冷淡”中的“热忱”。

查尔斯·西米克在《石头》一诗中写道：“或许它内部压根儿就不是黑暗；或许有一颗月亮从某处照亮……”

我以为，教师原本就是一个敞亮的生命，在语文教学中，他必须成为一个更加敞亮的生命。

“人即目的。”这是我们职业的天。

对人的信仰，乃是课之天，甚至超过天。课比天大，乃是对人的敬畏与怜惜。我们的课堂，乃是承载人类文明、成全人性光辉的圣地、道场。这，就是我为之奋斗的“天”。

语文老师的另一只眼睛

◆孙双金

歌德说过："经验丰富的人读书用两只眼睛，一只眼睛看到纸面上的话，另一只眼睛看到纸的背面。"我认为，"纸的背面"就是文字背后的秘密。发现"文字背后的秘密"，这是语文教师的第一本领。

如何发现"文字背后的秘密"？

方法一：发现文字背后的矛盾。

以张继的《枫桥夜泊》为例。"月落乌啼霜满天，江枫渔火对愁眠"这两句"纸面上的话"非常好理解，那就是"诗人看到月亮落下去了，听到乌鸦发出凄凉的叫声，天上布满了白霜；江边的枫树和江上渔船上的灯火相对无语，好像也因为愁思难以入眠"。如果我们读诗就理解到这一层面，那实在是糟蹋了这首好诗。语文老师的另一只眼睛就是要“看到纸的背面”。那这首诗“纸的背面”是什么呢？你瞧，诗人首写的景色是“月落”，这就奇怪了，常理是天黑了，月亮升起来了，诗人理应写“月升”啊，你看张九龄在《望月怀远》中不是写“海上生明月，天涯共此时”吗？欧阳修在《生查子·元夕》里不是写“月上柳梢头，人约黄昏后”吗？为什么张继不写“月升”而写“月落”呢？这不是违背生活的常识吗？那“月落”是什么时分呢？一般情况下，月落是午夜时分或者黎明时分。联系后两句诗可以推测，这里写的是半夜时分，也就是说诗人张继到了半夜时分仍然没有睡着，他失眠了，久久难以入眠，所以才能看到“月落乌啼霜满天”的景象。同理，“霜满天”一词也违背常识，霜一般是落在地上的，怎么会“霜满天”呢？“江枫渔火对愁眠”中到底是谁在“愁”呢？老师只要再向深处想一步，就会引导学生发现“文字背后的秘密”。

方法二：追问文字背后的含义。

还是《枫桥夜泊》，诗的后两句“姑苏城外寒山寺，夜半钟声到客船”，“纸面上的话”更简单，那就是“夜半时分，从姑苏城外的寒山寺传来一阵阵的钟声，一直传到客船上”。如果我们和学生讲解诗意，仅仅讲到这一层面，那就太肤浅了。教师应该追问：这钟声是从哪里传来的？寒山寺的钟声对常人来说有什么意义？对失眠的诗人张继有什么意义？此时张继正因落榜而愁苦难眠，辗转反侧，寒山寺的钟声突然传来，对张继的心灵有什么启迪和开悟呢？如果张继世俗如常人，可能会在心里怨恨钟声：钟声啊，我正落榜难眠，愁苦不堪，你还一阵阵传来，更让我愁苦万分，叫我如何入眠！如果张继具有慧性，他在心中一定会充满感动和感悟：钟声啊钟声，你仿佛在启悟我，一次落榜算得了什么？人生不如意之事十之八九，我张继难道就被一次落榜打倒了吗？钟声让我警醒，钟声让我开悟，钟声让我超然。于是张继推枕而起，吟诵出了这首千古传诵的经典诗篇。

于是中国文化中又多了一个“钟声”的文化意象。

让语文学习多些“生产性思考”

◆魏　星

记得在童年时期，物资匮乏，可趣事多多。在自身的游戏与劳动中，伙伴们创造出种种幸福。而今，在便利的生活中，面对种种能够让人更加“好吃懒做”的产品消费，人的思维似乎也变得越来越懒，好多与生俱来的能力似乎正在退化之中。

语文教学中也存在着“消费性思考”的问题。教师把课文当作已有的产品，书本中有什么就给学生呈现什么；学生一读带过，找出一眼便知的内容，思维的触须基本没有摆动或摆动的幅度很小，没有产生印象深刻的痕迹，深层次的学习也没有发生。一位教师教学《读不完的大书》时问：“作者写了哪些事物？从这些事物中得到了什么启发?”学生在书中寻找答案：麻雀“叽叽喳喳、蹦蹦跳跳的，叫人愉悦”，老鹰“在高空盘旋，展翅滑翔，突然猛扑而下，给人以雄健勇猛的感觉”，等等。之后，教师让学生读出什么样的语气，问学生已经知道了是什么，然后让学生去印证、求证，这种“消费性思维”在教学中很“舒服”地运作着。学生与书本之间建立了一种简单联结的机制，教师提出一个问题“刺激”一下，学生就“反应”一下，学生思维运动的方向是水平的，没有出现那种螺旋式上升甚至是垂直运动的状态。

语文课必须增加“生产性思考”的机会。我们可以把文本当作原始的材料，在与之相遇的过程中，进行创造性的加工，能动地去建构自己的意义，帮助学生领悟语言的规律并走向运用。在这个相遇的过程中，教师和学生不只是被动的意义和趣味的消费者，而是以此为契机展开阅读、思考和表达活动，成为精神文化的承担者和生产者。语文教学的魅力就在于生发、产生，通过语言获得解放，让学生的智慧指向心灵看得见的方向。

让语文学习多些“生产性思考”，必须要建立丰富而深刻的联结。深层次的联结产生深层次的学习，浅层次的联结产生浅层次的学习，没有发生联结也就没有发生学习。教学时，要善于找到教学内容与学生的最佳联结点，有力地唤醒、冲击、颠覆、拓展、丰富学生的前认知，突破肤浅的表层联结；建构关联的、立体的、网状的学习结构，将语言内容与形式、理解与表达、语感与语理、生活世界与语言世界打通，突破碎片的、单点的联结；聚焦在文本的“怎样说”上，以复述、表演、评论、练笔等多种活动手段，让学生将读懂的表现出来，突破惰性的消极联结。一位教师教学《读不完的大书》时问：“这里的‘大书’指什么?”学生提取信息“大自然”。那“读”又是什么意思呢？学生在书中找到，这里的“读”就是“沉思”“遐想”，就从大自然中获得“无穷的奥秘和无尽的乐趣”。教师接着引导学生发现文本“什么事物、有什么样的表现、获得什么遐想或沉思”这样的结构特点，充分开展语言实践活动，这就由文本的内容结构走向内在的思维结构，从文本中“生产”出“无穷的奥秘”和“无尽的乐趣”。在这个相遇的过程中，充分激活学生的生活体验，使其想象“爬一棵树”“从小山上滚下来”“用石头打水漂”“在雪里玩”“用小草做小喇叭”“ 给野外小动物做一个家”等情景，充分表达自己的遐想与沉思，“生产”出自己的言语和思想。

巴尔扎克说，一个会思考的人，才是力量无边的人。从“消费性思考”走向“生产性思考”，语文课才会真正实现学科育人的价值。

让想象妙不可言

◆虞大明

不可否认，每个孩子都喜欢读神话故事。问其原因，孩子们会异口同声地回答：神话故事中的想象很神奇。

此话不假，神话故事之所以极具吸引力，缘于每个故事中神奇的想象。神奇之处，天马行空，令人匪夷所思、脑洞大开——譬如石能补天，箭能射日，人能追日，金钗能摇来滔天大水，玉簪能划出银河，等等。

其实，每个广为流传的神话故事中的想象，除了神奇，更有巧妙。神话故事中很多构想和细节刻画，巧妙地实现了想象世界与现实世界的关联，让人眼前一亮——譬如“神话世界中的五彩石补出了现实世界的五彩云霞”，“神话世界中的后羿射九日留一日留住了现实世界中的独日造福众生"，"神话世界中的牛郎织女隔河相望定格成了现实世界中的牵牛织女星"，等等。如此非凡的想象，使得故事具有了神性和魔力；如此非凡的想象，恰恰是古人智慧的象征。

综观以往的神话故事教学，师生往往对想象的"神奇"关注颇多、津津乐道，而对想象的"巧妙"却鲜有人问津。笔者感觉有点可惜，毕竟，想得巧妙，更见智慧。因此，在神话故事的教学中，我们是不是可以花更多的时间，聚焦想象的"巧妙"？拿《女娲补天》来说，先在教师的引导下发现："纯青石是在清清的泉水中找到的，妙在哪里？"再让学生自己发现："同样妙不可言的地方还有吗？"最后给学生实践和创造的机会："如果最难找的不是纯青石，而是纯白石、纯红石，你会让女娲在什么地方找到？"如此教学，可谓循循善诱、循序渐进、举一反三、学以致用。

我想，这样的教学，彰显的大概就是"围绕专一的目标，引领学生逐步踏上发现之旅，从而享受阅读和创造的乐趣"，为的就是有效实现"一课一得"。我经常想，若能保证"一课"有真正的"一得"，那我们的学生一定不得了。

举例为证。我曾经让学生自己创作《风魔和沙怪》。风魔和沙怪是无恶不作的大坏蛋，经常联手干坏事，它们所到之处，天昏地暗，飞沙走石，农田被掩埋，庄稼被摧毁。我问：你会让老百姓用什么办法来降伏它们？学生答：植树造林。是不是很妙？我问：沙怪每次干完坏事，都会睡上一觉，让沙怪睡多久比较合适？学生答：十年，因为十年树木。是不是更妙？我问：把老百姓战胜风魔和沙怪的日子定到哪天比较合适？学生答：3月12日，因为老百姓为了纪念胜利，以后每年这一天，都会去植树。久而久之，这一天就成了植树节。是不是绝妙？

我们的学生，从来不缺乏天马行空的神奇想象，缺的是与现实世界有关联的巧妙想象。想要补上这个短板，需要我们的故事教学和语文教学更有针对性。

探究想象的巧妙，发现想象的巧妙，践行想象的巧妙，孩子们的想象才会妙不可言。

那些泡泡的美丽去处

◆张学青

冰心的《肥皂泡》一文收在了统编版教材三年级下册的第六单元里。课文写了作者小时候玩肥皂泡的情形。作者写出了吹肥皂泡的过程，又通过“五色的浮光”“玲珑娇软”“脆薄的球”“颤巍巍的”“光影零乱”等词语，表现了肥皂泡的别样美丽。

文章最后，作者说，“那一个个轻清脆丽的小球，像一串美丽的梦。”这些轻清脆丽的小球，飞到哪里去了呢？“借着扇子的轻风，把她们一个个送上天去送过海去。到天上，轻轻地挨着明月，渡过天河跟着夕阳西去。或者轻悠悠地飘过大海，飞越山巅，又低低地落下，落到一个熟睡中的婴儿的头发上……”在课后的思考练习中，编者要求学生体会丰富的想象，再想一想：

这些泡泡还有哪些美丽的去处?

笔者听了几位教师执教的《肥皂泡》，虽各有特色，但课上到这个环节，教师每每草率收场，指导也显得力不从心。学生笔下的泡泡去到了哪里呢?

也有教师给学生的想象搭了“脚手架”：出示了校园的几幅图片，请学生想象，让学生学习课文的表达，用一串动词描述泡泡的去处。“这些泡泡飞过了校门，来到操场上，又飘到教室里，落在了课桌上。”动词是有了，但味道不是那个味道了。

回读原文，我们来看看冰心笔下的泡泡的去处。首先，“明月”“天河”“夕阳”“大海”“山巅”，这组词本身就带给读者美好的感受；最后泡泡落在“头发上”。如果仅仅是“头发上”，便算不得“美丽的去处”，在作者的想象中，泡泡落在“熟睡中的婴儿的头发上”。“婴儿”所带来的纯洁和美好，“熟睡的婴儿”所带来的安逸和宁静，让画面瞬间变得馨香可人。其次，泡泡是怎么去的呢？不仅仅是用上几个动词那么简单。泡泡在飞，动词也在变化：“渡过”“飘过”“飞越”，从中我们可以感受到泡泡的自由自在；而“轻轻地挨”“跟着夕阳”“低低地落下”，则让这些泡泡带上了情感的温度，带给读者的感受自然就不一样了。

由此，我们想象泡泡在校园里的“旅行”是不是可以这样——

“借着扇子的轻风，这些轻清脆丽的小球轻轻地飞起来了。她们挤挤挨挨，越过开着黄菖蒲的方塘，不一会儿渐渐散开，飘飘悠悠地在绿茵场上转了个圈，又悄悄地钻进教室，低低地落下，停歇在我正在摇动的笔杆上……”这样的表达，让泡泡在校园里的每一个去处都变得“美丽”起来了。

诚然，为了鼓励学生的表达信心，我们要说“文章就是说话”，但仔细推敲起来，文章还真不是说话那么简单。作家王鼎钧先生说：“文章是说话的延长。”这“延长”是什么意思呢？它表示量的增加、形式的美化和功效的扩大。阅读《肥皂泡》这样的课文，首先是可以丰富学生的书面语言储备，类似于“玲珑娇软”“五色的浮光”这样的词，在日常的口头交流中几乎不会出现，如果不给学生这样的积累，他们的储备中便只有“很小”“很好看”这样的浅语。其次要引导学生钻研、发现文中作者遣词造句的经验，在模仿中练习，由此激活和发展学生的语言经验。

这样的模仿、练习是否会显得机械进而伤害学生语言表达的灵性？恰恰相反，在规矩之内求得圆融，这种语言建构能力的训练，正是思维力、想象力和创造精神的培养。教师如果觉得这样教学生不好消化，那只能说是教师自己的局限了。

当然，要让学生的泡泡飞得更美丽、更自由，那就要舍得让学生到旷野上去多吹一吹。

“夺冠”，不是掠夺

◆赵 昭

电影《夺冠》终于在2020年国庆节前一周上映。作为让全国观众期待了大半年的电影，《夺冠》一上映就成为现象级作品，受到全国观众的关注和热议。

除去影片主创团队与电影类型自身的话题性，烙在中国人灵魂上的女排精神与当下现实的冲突和交集，成就了这部上映仅两天票房就过亿元的国产电影，回暖了电影市场的同时，更引发了一系列关于女排精神乃至民族意识的深入思考。作为一个教育人，我除了被影片内容所感动外，更对电影中历任女排主教练的训练方式和管理理念颇为感慨。

“我18岁把你招进国家队，对你训练这么苦，所有的一切，都是为了今天。”

这句话，是1981年中国女排对阵日本队决胜局时，时任女排主教练袁伟民对作为队员的郎平说的话。听着熟不熟悉？像不像家长和老师常对学生说的“我辛辛苦苦把你拉扯（培养）大，就是为了你将来能考个好大学，找个好工作”？当然，我并不是否定袁伟民教练的观点和动机，在当时的历史条件下，中日之间的排球对决不单单是一场体育比赛，更是刚刚宣布改革开放的中国对世界的一次综合国力的展示，是一场意义非凡的外交，是一次沉稳有力的发声……那是打给全中国人民的一剂强心针。在那个特殊的时期，袁伟民教练的这句“都是为了今天”所承载的，是中华儿女的报国心和使命感。

物换星移，时过境迁。以40年后的今天为时代背景，再看这句话，难免会觉得有些强权和功利，自然，也再不会有主教练说出这样的话。但是，以同样的思维方式和语言习惯进行表达的家长和教师在今天却仍不少见。

为师者当懂：时代已不是那个时代，少年也早已不是那些少年。

“只要能让你们拿冠军，要我做什么都可以。”

这句话，是继任女排主教练陈忠和在给队员们当陪练时的肺腑之言。

殷殷期望，拳拳赤心。陈教练的全情投入、无私忘我，在这17个字中体现得淋漓尽致。正是有了这样的后勤保障，才让女排姑娘们没有了后顾之忧，全力以赴地拼搏在体育赛场。这句话，是那个时代甘为摆渡人的奉献者能够发出的最强音！

这种表述，在今天的家长和教师口中，依然能够经常听到。还是那份殷切，还是那种担当，只不过把这句话中的“拿冠军”，换成了“考大学”“好工作”……或其他“毫不利己、专门利人”的无私期望。现在来看，这是“道德绑架”，更是一种以爱为名的胁迫和掠夺。

为师者当懂：时代已不是那个时代，你也曾经是那个被“逼”的少年。

“排球是我们的工作，但不是我们生命的全部。我希望我的队员将来不只是一位优秀的运动员，还是一个优秀的人。”

这一句，出自带领中国女排再创辉煌的主教练郎平。除了这句以外，还有“你不用成为我，你只要成为你自己”，还有“你们应该打出你们自己的排球，放开了打，豁出去打，我和你们在一起”，还有“如果我不打了，以后回想这个决定，肯定会后悔，我不想让80

岁的自己后悔……”

当然，还有那句：“你为什么打排球？”

是啊，为什么？是为了自己的理想，还是为了不让别人失望？

为师者当懂：时代已不是那个时代，有些事，得让那个少年，自己想想。

住上价值观的小精灵

◆窦桂梅

当今，大多教师出身的校长到一线上课实属艰难。各种压力已经让作为校长的我们几乎精力耗尽。但身为校长还是应该坚持上各种类型的研究课。我喜欢语文教师的身份，喜欢因教语文而去阅读经典、去靠近那些伟大的灵魂。这灵魂当然还有书以外的、课堂上最纯粹的孩子们的灵魂。所以，我还在坚持着。

虽然不能一直带一个班，可是走进不同年级、不同班级与学生对话，这种对课堂的敬仰，以及对专业经历充分“具身”的体验和深刻感悟积累而成的“校长感”让我很充实。尤其是，校长要引领教师，从现在这个地方走向我们国家、民族未来期待的那个地方，这种价值观的塑造不能仅仅停留在嘴巴上。那么如何缩短嘴和脚的距离呢?

答案只有一个：回到课堂现场，带着儿童学习语文，阅读经典。

经典的童话里住着一些美好的价值观精灵，我们要去寻找、去挖掘。例如，教学《神笔马良》——课堂上，学生通过课文了解了因为大官贪财，马良给他画了一座大海中的金山，最后大官自己害死自己的故事，感受到了中华民族的“惩恶扬善”的价值观塑造。教学过程中的一个细节触动了我。

课堂预设了一个思辨性问题：“谁家没有耕牛，马良就给他画______________；谁家没有石磨，马良就给他画______________；赌博的懒汉们没有赌具和赌注，马良就给他们画______________。”前两个问题，学生很自然地回答“耕牛”和“石磨”。然而最后一个问题，学生惯性地答出“赌具和赌注”。

听课的老师全笑了，可学生还没有反应过来，觉得善良的马良就应该是有求必应的。他不是用神笔帮助穷人吗？我没有急于要求学生回答，而是让学生马上静下来，小组讨论：问题到底出在哪里了？他们皱眉、摇头、摇手、跺脚，那种急切让人由衷地欣喜……突然间，有学生喊“给他们画锄头，让懒汉劳动”，“给他们画手铐，因为赌博是不对的，是不好的人”，“给他们画一个牢房，让他们接受惩罚”……

学生有了价值观的是非判断。有了这样的判断后，我继续追问：“如果马良给懒汉画赌具和赌注，这支神笔还神奇吗?”

片刻的沉默之后，热烈讨论出的答案不言自明。人性里，谁不希望有一支笔能帮自己心想事成，不劳而获地满足自己的欲望？然而，马良的梦想是要为穷人画画，他有志气，坚持不懈地用木棍、用木炭画画，感动了白胡子老爷爷，才有了这样一支神笔。所以，善良是有原则的，这里的善良，用一个成语概括，就是惩恶扬善。这，便是中华民族的优良精神传统。

这让我想起了当今的一些现实：不劳而获，急功近利，价值观混乱。这样的背景下，遇上这样一个老故事，是一种“唤醒”和“激活”。我看到的是深深植根于人们心灵深处的有锋芒的善良。作为教师，我们何其有幸，能用自己的言行开启学生内心的精神！又该何其谨慎，小心翼翼地守护这些精神的种子。

故事的开头就交代，马良拥有美丽的愿景和向上的志向，但却被无情地赶出学馆。马良不断地追问：“为什么穷孩子不能拿笔，连画也不能学呢?”然而贫穷没有限制住马良，反而使得他在勤学苦练的过程中磨炼了一颗善良的灵魂。马良的画笔太神奇，他可以用画笔为自己创造无尽的财富，也可以通过画笔借大官的手为自己赢得至高的地位和权力，但马良却始终选择帮助穷人，这种善与恶、美与丑的抉择，体现的是马良金灿灿的心。也正是这份善良，才让马良在与恶的抗争中获得果敢的力量与非凡的勇气。

子曰：绘事后素。这句话说的是绘画要先勾线，再施以五彩，先拥有素净的底稿，才能绘制炫目多姿的画卷。推而论之，个人的成长亦如是，一个人要有纯净的精神底色，才能有健全的人格、健康的成长和发展。我们衡量一部作品好坏的关键，正是看这部作品能给孩子们打上怎样的精神底色。而给孩子们打上善良底色的，正是用温暖和爱心沉淀一生的教育者。一个个作为教育者的“马良们”，把传统文化、民间故事紧密结合，熔铸了民族精神，传递了民族自信。

愿我们和儿童在阅读的课堂里一起成长，让课堂产生思想，让心里住上价值观的小精灵。绘事后素，在课堂上的价值引领中，我们孜孜以求的教育之“道”也就不远了。

老师，我明明听见你说

◆虞大明

老师，我明明听见你说：

——同学们，这节课我们一起来学习课文……

可为什么你总是教，而我们总在学习？

——提问的是你，回答的是我。

——“指手画脚”的是你，埋头读书的是我。

——你说上课就上课，你难道听见了铃声？

——你说下课才下课，你难道没听见铃声？

老师，我明明听见你说：

——你们喜欢学哪段就学哪段。

可为什么我明明只喜欢第一段，

你却说第二段也很重要？
当学完第二段，
你又说第三段写得也很美。
老师，这篇课文只有三段，你懂的！

我终于明白——你那是假客气；
我终于学会——该怎么读你的心思。
老师，我保证——下次你再这么问我，
我会说——老师，你希望我喜欢哪段？

老师，我明明听见你说：
——同学们，这节课，我们去维也纳看花。
哇，我好激动耶！
谁知
——你只是让我们看了几幅花的图片。
——至于那些花是不是维也纳的，或许，你自己也不知道。
你还说：
——好好读读，读着读着，你就看到维也纳的花了。
可为什么我读得这么努力，

影子也没见着？
后来想想，是我们太幼稚，
—— 维也纳那么远，够得着吗？

老师，我明明听见你说 ……
唉，不说了，
说了你也不懂，
因为，我还只是个孩子，
哪个大人会在意孩子的“一派胡言”呢？
我啊，还是省点力气，
老老实实把三道题都认认真真做完吧！
虽然，我明明听见你说
——

用整合思维教语文

◆潘文彬

最近，有老师对我说，统编版小学语文教材的变化太大了，中高年级的语文课真的不知道该如何教了！每个单元都有明确的语文要素，虽然教材当中对落实这些语文要素有实施的方法和路径，但让他们感到困惑的是，课堂上如果围绕单元的语文要素来展开教学，那么，识字写字、阅读理解、朗读感悟、品味语言、体会感情等这些常规常态的语文实践活动该如何开展呢？他们担心，如果课堂上突出了语文要素，语文课会不会变成一种知识性的教学，变成一种纯粹的语文要素的训练呢？因此，语文课会不会因索然无味而失却其应有的情趣、意趣和理趣呢？老师们的这些疑虑，确实是值得思考和研究的问题。

毋庸置疑，统编小学语文教材创新之处无处不在，对语文教师的挑战也是无处不在的。但我们要清楚地认识到，这其实是落实立德树人的必然要求，是培育现代公民的自然结果，也是语文教学改革的应然选择，因而，语文老师要与时俱进，改变思维方式，学会用新的理念、新的视角来审视教材、设计教学，用好统编教材，提升学生语文素养。那该怎么改？于是，我想到了加拿大学者罗杰·马丁教授提出的“整合思维”的思想。如果我们用整合思维来教语文，或许能给研究和使用统编小学语文教材带来一些启发和收获。

整合思维是一种创新性思想，是指面对相互冲突甚至对立的模式时，不是简单地进行选择，而是能够进行建设性的思考，创造性地解决彼此之间的冲突，形成一个既包含已有模式的某些成分但又优于已有模式的新模式。语文要素的落实与识字写字、阅读理解、朗读感悟等语文实践活动不是相互对立的，而是相互依存的，甚至是一体的，因此，在落实语文要素的过程中便需用整合思维来整体思考，统筹安排，精心设计，以通过单元整体教学，切实把单元语文要素的落实融入听说读写的语文实践活动之中，让学生在单元整体学习的进程中亲历学习语文的过程，在丰富多彩的语文实践中获得言语智慧的滋养和人文精神的熏陶。

用整合思维教语文，需要有整体的意识。首先，要着眼于儿童语文素养的整体发展，着眼于课内课外的整体推进，着眼于听说读写能力的整体培养，让学生在纷繁复杂的语文天地中找寻到属于自己的学语习文方向和路径，享受语文学习的快乐；其次，要关注小学语文学习的整体性，关注各学段语文学习的整体性，关注各单元学习的整体性，用整合思维来设计教学，优化过程，善打巧打“组合拳”，以达成在整体观照下的稳步推进和协调发展。

用整合思维教语文，需要有真实的问题。问题是学习的发端，问题驱动着思维的发展。有了真实的问题，学习才会真正发生。真实的问题，源于真实的语文情境，源于真实的学情状况，源于学生对语文学习真实的认知冲突；真实的问题，是贴近学生最近发展区的问题，是最富思维张力的问题，是引发学生积极参与的问题。真实的问题，不是零碎的问题，而是整体性的问题。对问题探究的过程，不是将其拆分为若干个细小的问题来逐一解决，而是在保持问题整体性的同时，着力处理各个部分，以找寻最佳的解决方案。

用整合思维教语文，还需要有开放的思想。在整合思维视域下语文课堂是打开的，儿童的思维是自由的，是向四面八方打开的。儿童的语文学习不是简单的线性关系，而是一种任务驱动下的立体多维和互动生成的学习，是一种充满个性与张力的学习。

用整合思维教语文，带给学生的将是一种别样而美丽的语文生活。

阅读者，是自由的

◆王文丽

9月初，我应邀到郊区某所学校上课。课前和学生交流，问他们暑假读了哪些课外书。第一个学生说："我读了《论语》。"我冲他竖起了大拇指："你好厉害，居然可以读《论语》。你能不能告诉我，《论语》是讲什么的?"他沉默地摇了摇头。我问第二个学生："你读了哪本书?"他说："我也读了《论语》。""那么，你可不可以给大家推荐一句《论语》当中对你有启发的话呢?"他也沉默地摇了摇头。我问第三个学生："你读了什么?"他有些羞赧地说："我也读的《论语》。"我讶异不已："为什么你们都读的是《论语》呢?""我们老师让读的。"一个孩子小声回答了我。下了课，他们的语文老师找到我，不好意思又颇有些为难地说："王老师，读《论语》这事真不怪我，这是我们区教委规定的六年级学生的必读书目。”

多么让人难过！不知道从什么时候起，阅读不再是出于学生兴趣的需要，而是无论喜不喜欢、读得懂读不懂都要执行的一个命令、都要完成的一项任务。这样的阅读怎么能获得“快感”，怎么能满足学生内心的渴求和愿望呢？假如这样的需求读者都无法达成，又何来在阅读中发现自己、反思自己、提高自己呢？

有人说：让学生读的是名著啊，是经典的书啊，这有什么不对的吗？当然没错。错，其实在于忽略了阅读是个性化的行为，不应把某个人的意志强加在读者身上，不能以个人的喜好来决定别人应该读什么。

几年前，某出版社举办了一次名为“死活读不下去的书”评选。最终，中国古典四大名著和《瓦尔登湖》《不能承受的生命之轻》《钢铁是怎样炼成的》《百年孤独》榜上有名，《红楼梦》则位列榜首。或许有人会说，“死活读不下去的书”凸显了现代人的浮躁。其实我想说的是，阅读是很私人的事，要允许每个人都有自己的喜好，不必强求。

著名作家严歌苓少年时代最推崇的书是《红楼梦》，尽管当时读得似懂非懂，属于生吞活剥似的读。

《水浒传》《西厢记》家里也有，她却从未读过。她说自己那时候看书都是凭自己的兴趣挑选内容看，读《安娜·卡列尼娜》时，她会把英文的那些句段跳过去，把对农村描写的那些段落也跳过去。这和英国小说家毛姆对于读书这件事的建议不谋而合，那就是——学会跳读。其实我还想说的是，不论学者们对一本书的评价如何，哪怕是众口一词地加以称赞，如果它不能够引起你的兴趣，那么对你而言，就毫无意义。

这个世界上的图书浩如烟海，而每个人的生命都是有限的，那么，有限的时光一定要亲近和享受自己喜欢的且适合自己的书。喜欢读就读吧，不喜欢读，就放下。

阅读者，是自由的。

不再去做皮格马利翁

◆王崧舟

第一次读到一年级的课文《小蜗牛》，就欢喜得不行。

蜗牛一家住在小树林的旁边。

春天来了，蜗牛妈妈对小蜗牛说："孩子，到小树林里去玩吧，小树发芽了。"

小蜗牛爬呀，爬呀，好久才爬回来。它说："妈妈，小树长满了叶子，碧绿碧绿的，地上还长着许多草莓呢。"

蜗牛妈妈说："哦，已经是夏天了！快去摘几颗草莓回来。"

小蜗牛爬呀，爬呀，好久才爬回来。它说："妈妈，草莓没有了，地上长着蘑菇，树叶全变黄了。"

蜗牛妈妈说："哦，已经是秋天了！快去采几个蘑菇回来。"

小蜗牛爬呀，爬呀，好久才爬回来。它说："妈妈，蘑菇没有了，地上盖着雪，树叶全掉了。"

蜗牛妈妈说："哦，已经是冬天了！你就待在家里过冬吧。"

我敢说，蜗牛妈妈就是一大禅师。

有人问赵州从谂禅师："二龙争珠，谁是得者？"师曰："老僧只管看。"

很显然，蜗牛妈妈深谙此道。孩子没有摘到草莓，没有采到蘑菇，空手而归，她只管看，她深知所有的意义都在每一个当下，过去不可得，未来不可得。

有这样的妈妈，就有这样的孩子。小蜗牛只管爬呀爬呀，一路爬一路看。春有百花秋有月，夏有凉风冬有雪。放下期待的妈妈唤醒了心无挂碍的孩子，看不见小树发芽却看见了照眼的绿，是好的；摘不到草莓却看见了蘑菇和金黄的叶子，是好的；采不到蘑菇却看见了洁白的雪，是好的。日日是好日，节节是佳节。这孩子有福了！

我问自己，面对课堂上的一位位"小蜗牛"，你有"只管看"的勇气吗？你有"已经是冬天了！你就待在家里过冬”的智慧吗？

有一年暑假，我去湖南平江参加“春晖援教”活动。我执教的是张岱的《湖心亭看雪》。在引导学生感悟“雾凇沆砀，天与云、与山、与水，上下一白”时，我是有期待的，我期待学生能说出“天人合一”这个词来。

但是课堂上孩子的表现打碎了我的期待。一位个子不高、不戴眼镜的小男孩儿站起来说——

“我想用‘太仓稊米’这个词来概括这样一种境界。”

我一下子就蒙了。我都没听清楚这个词的读音，更何况这个词怎么个写法呢？我赶紧请这个孩子上台板书，他落落大方地写下了“太仓稊米”四个字。我呢，还是蒙在那里，即便孩子写了“太仓稊米”，我依然不知道什么叫“太仓稊米”，也不知道这孩子为什么用“太仓稊米”，更不知道“太仓稊米”是这孩子胡诌的还是真有出处。

我问他，这个词从哪儿学来的。孩子的回答更是让我愣在那里，他说，是从《庄子》里学来的。

我的天啊！

讲完课，我赶紧上网去查。果然，“太仓稊米”出自《庄子·秋水》："计四海之在天地之间也，不似礨空之在大泽乎？计中国之在海内，不似稊米之在太仓乎？"释义："太仓：古时京城的粮仓；稊米：小米。大谷仓中一粒小米，比喻人或物处在广袤宇宙中极其渺小，用于形容人或物的微不足道。"

这个词形容这个境界，极为妥帖！

在"期待"和"看见"之间，我下意识地选择了后者，虽然不过一念之间。但是，当我打碎期待时，一道缝隙打开了。孩子的光照亮了我，也照亮了整堂课。

"自我启发之父"阿德勒说过，我们并不是为了满足别人的期待而活着。同理，孩子也不是为了满足你的期待而活着。从某种意义上说，你的期待暴露了你内心深处的某种控制欲，也暴露了你一旦失去控制的不安和恐惧。

在我选择"只管看"的那个瞬间，我感到了一种解脱。我从内心深处允许那个孩子成为他原本的自己，无论卓越还是平庸。我不再去做一个皮格马利翁，我成了一个纯粹的关注者。

这需要勇气，让自己成为自己的勇气，让孩子成为他自己的勇气。

文字背后是什么

◆孙双金

《红楼梦》中有“香菱学诗”的一个片段：

香菱笑道：“我只爱陆放翁的诗‘重帘不卷留香久，古砚微凹聚墨多’，说的真有趣！”

黛玉道：“断不可看这样的诗。你们因不知诗，所以见了这浅近的就爱，一入了这个格局，再学不出来的。”

为什么陆游的这两句诗格局不高，不值得学习呢？

钱穆先生在《今天我们如何读古诗》中是这样分析的：“放翁这两句诗，对得很工整。其实则只是字面上的堆砌，而背后没有人。若说它完全没有人，也不尽然，到底该有个人在里面。这个人，在书房里烧了一炉香，帘子不挂起来，香就出不去了。他在那里写字，或作诗。有很好的砚台，磨了墨，还没用。则是此诗背后原是有一人，但这人却教什么人来当都可，因此人并不见有特殊的意境与特殊的情趣。无意境，无情趣，也只是一俗人。尽管有人买一件古玩，烧一炉香，自己以为很高雅，其实还是俗。因为在这环境中，换进别一个人来，不见有什么不同，这就算作俗。高雅的人则不然，应有他一番特殊的情趣和意境。”

文字背后是什么？原来文字背后站着一个人。优秀的文字后面站着的是一个有情有智的大写的人，一般的文字后面站着的是一个毫无特点的俗人。

说到这里，我自然又想到了另一则故事，那就是司马迁《史记·孔子世家》中记述的“孔子学琴”的故事：

孔子学鼓琴师襄子，十日不进。师襄子曰：“可以益矣。”孔子曰：“丘已习其曲矣，未得其数也。”有间，曰：“已习其数，可以益矣。”孔子曰：“丘未得其志也。”有间，曰：“已习其志，可以益矣。”孔子曰：“丘未得其为人也。”有间，有所穆然深思焉，有所怡然高望而远志焉。曰：“丘得其为人：黯然而黑，几然而长，眼如望羊，如王四国。非文王其谁能为此也！”师襄子辟席再拜，曰：“师盖云《文王操》也。”

孔子不愧为伟大的教育家、思想家。他学琴追求四大境界：一是乐曲的内容，二是乐曲弹奏的技巧，三是乐曲的意境，四是乐曲后面的人物。当他听出曲子后面端坐着一位肤色黝黑、身材高大、目光明亮而深邃、好像一个统治四方的王者的人，就想，除了周文王又有谁能够如此呢！他的老师师襄子恭敬地离开座位给孔子拜了两拜，说："我老师原来说过，这就是《文王操》呀。"

从孔子学琴的故事，我们懂得，学琴的最高境界是能从曲中听出曲子背后是一个怎样的人。

可是我们当下的语文教学，又有几个人关注文字背后的人呢？

我们往往就文字讲文字。今天强调语用教学了，大家一股脑儿地讲语用，讲遣词造句，讲布局谋篇，讲文体特点。我听过许多老师教学《望月》一课，往往都是讲"眼中月、诗中月、心中月"的叙事结构，或者讲散文的"事—景—情"横向结构，但就恰恰缺少了文中的关键人物小外甥，尤其是小外甥的惊人之言——"像眼睛，天的眼睛"。我认为"月亮像天的眼睛"是《望月》一文最为神奇的想象。为什么小外甥能讲出这样神来之语，而作者却讲不出来呢？因为小外甥天真，率真，纯真，因为小外甥充满无拘无束的想象力。儿童是成人之父，老子的“复归于婴儿”的高论在这里得到极好的印证。所以我们在读《望月》一文时，要引导学生理解：真正打动人的是那神奇的想象力。小外甥（儿童）才是真正的智者，小外甥才是月亮的知音。

有人说，语文教育的目的是立言，我认为单单立言还不够，语文教育的真正目的是立人，立起有思想、有境界、有情趣的大写的人。

再回到《红楼梦》“香菱学诗”的故事：

黛玉道：“正是这个道理，词句究竟还是末事，第一立意要紧。若意趣真了，连词句不用修饰，自是好的，这叫作‘不以词害意’。”

语文教育既要立言，更要立人。您说是吗？

经典的书，需要慢慢地读

◆王文丽

经典的书一定是获奖的书吗？经典的书一定是广为流传的书吗？当然不是。博尔赫斯说：“经典作品并不是必须具有某种优点的书，而是世世代代的人出于不同理由，以先期的热情和神秘的忠诚阅读的书。”我以为，是不是经典不是作者当下要考虑的问题，也不是读者当下要考虑的问题，今天不为人所注意的书可能100年后会被称为经典；今天被称为经典的书100年后可能不被人提及。所以，对于作者和读者来说，共同的一点是：实现自己当下的愿望。作者通过写作完成自己的诉求，读者通过阅读达成自己的满足。

贾平凹曾经劝告读者不要对他的作品期望太高，他说：“如果要读，以平常心随便去读，上厕所读也罢，睡觉前读也罢，只要读得慢些我就满足了。”这是作家的谦逊，这谦逊是真诚的。一本好书，只有慢慢咀嚼，才能与作者心神相通。好的书，需要更好的读者才能够品出其趣味。所以，真正的阅读需要读者把文字当药煎服，使其进入体内，和身心、血液、神经中枢发生奇妙反应，因为没有人能替你进行新陈代谢。文字会说话，但是能明白并能真切感受到这些的人，得有一定功底，一份灵气与聪慧。《昭德新编》中说：“水静极则影像明，心静极则智慧生。”读书，需要耐得住性子，耐得住寂寞，不要赶进度，更不要凑热闹，至于读懂了什么，心下无事，则道理始出，所谓“静能生慧”，即是如此。

有人说：“文学艺术类的作品，当你欣赏到有一分过人之处时，其实作者已经耗了十分的力气。”读者岂不也是如此。当你能够感受到作者的过人之处时，俨然也已经有了阅读的品位，用了十分的心思。那怎么可以培养出阅读品位呢？要读很多书，读经典的书，在读中甄别，在甄别中再去阅读。这时间需要好久好久，甚至一生。

一次，我带着孩子们阅读《时代广场的蟋蟀》。这是美国作家乔治·塞尔登的成名之作，1961年，这本书获得了纽伯瑞儿童文学奖银奖。我们知道，纽伯瑞儿童文学奖是在1922年由美国图书馆学会的分支机构美国图书馆儿童服务学会创设的，每年颁发一次，专门奖励上一年度出版的英语儿童文学优秀作品。那天临近下课的时候，我跟孩子们说："这本书从问世到今天，已经有近六十年了，它甚至比我们的爷爷奶奶、姥姥姥爷岁数还要大。一本被称为经典的书，是经得住时间检验的，同样，一个好的读者也是如此。你10岁的时候读它，50岁的时候再读它，感觉会有很多不同。或许今天的你读到有些东西还似懂非懂，可是那又有什么关系呢？在未来的某一天你再遇到它，会从心里不自觉地、暖暖地、轻轻地和它打个招呼，说一句'好久不见'，那一定是很美好的一件事。"我对此深信不疑。

阅读，和恋爱一样，不在于一时热烈的告白，而在于安静长久的陪伴。如果你爱上了阅读，趁着岁月未晚，与之朝朝暮暮吧！十年树木，百年树人，说的其实是一回事。读书是种树的另外一种方式，读一本书就是为自己的灵魂种一棵树。好树成林，灵魂的家园就是一片好山好水的艳阳天。

深度思考：教师的核心能力

◆孙双金

当下，深度学习已然成为教育界的热点话题。但是，如果没有教师的深度思考，深度学习或深度教学必然达不到它应有的深度，甚至可能成为教育界的热点泡沫，热闹一阵后又将烟消云散。

何为深度思考？可以理解为直达事物本质的思考；可以理解为由表及里，深入内核的思考；也可以理解为层层深入，去伪存真，把握事物规律的思考。

作为语文教师，深度思考的能力着重体现在对文本解读的能力。教师唯有对文本层层深入，去伪存真，直抵文本思想情感的本质，方能带领学生走向深度学习的美好境界。这就是叶圣陶所说的："作者思有路，遵路识斯真。作者胸有境，入境始与亲。"也如刘勰所言：

“夫缀文者情动而辞发，观文者披文以入情，沿波讨源，虽幽必显。”

教师拿到一个文本，如何才算进行了深度思考呢？试以我备课《景阳冈》为例，略做阐述。

教师对文本的思考，我把它分作三个层次：第一是理解层次，第二是追问层次，第三是批判层次。

先说理解层次。《景阳冈》写的是武松在景阳冈打虎的故事。故事一波三折，先写武松在冈下酒店喝十八碗酒的场景，在读者面前塑造出一个豪饮、豪爽、豪放的好汉形象；再写武松借酒力上冈赤手空拳打死老虎的故事，极力塑造出一位力大无穷、胆量过人、神勇超人的打虎英雄形象。故事是按照“喝酒→上冈→打虎→下冈”的线索展开的，跌宕起伏，扣人心弦，百读不厌。情节曲折，人物聚焦，场面精彩，形象鲜明，是武松打虎故事的主要特点，所以广为传诵。但是文本解读仅仅停留在理解层面是远远不够的，还要向更深处漫溯。

再说追问层面。追问可分情节追问、人物性格追问、细节追问等方面。我们逐一展开说一说。

情节追问。可追问自己：既然故事主要是写武松打虎，为什么要花那么多笔墨写武松在小酒店喝十八碗酒呢？喝酒和打虎有什么关系呢？有人说武松是“明知山有虎，偏向虎山行”，果真是这样吗？

人物性格追问。武松在小酒店喝酒，四次写武松“叫道”，为什么武松不好好说话，而处处“叫道”，这反映出武松什么性格？店家反复劝说武松不要一人过冈，可武松不听劝告，偏要一人过冈，这又凸显了武松什么性格呢？当武松看到真有官家榜文，心想：“转身回酒店吧，一定会叫店家耻笑，算不得好汉，不能回去。”细想一回，说道：“怕什么，只管上去，看看怎么样。”从武松的心理描写看出武松怎样的性格？

细节描写追问。武松打虎有这么一个细节描写：“那只大虫剪不着，再吼了一声，一兜兜回来。武松见大虫翻身回来，就双手抡起哨棒，使尽平生气力，从半空劈下来。只听见一声响，簌地把那树连枝带叶打下来。定睛一看，一棒劈不着大虫，原来打急了，却打在树上，把那条哨棒折做两截，只拿着一半在手里。”对这一细节我们可以追问：从打折哨棒这一细节看出武松此时怎样的心理？作者设计这一细节对情节的展开有怎样的作用？

最后讲批判层次。什么叫站着读书？就是读者和作者在精神上是平等的，是平视，乃至审视。孟子说“尽信书不如无书”。站在更高的层面来审视这一文本，我们又可思考：武松到底是英雄，还是好汉？如果是英雄，在道义上是为了集体或他人利益做出贡献乃至牺牲。武松打虎主观上是为民除害，还是为了保住自己的性命呢？

思考，就是提问，向自己提问，向文本提问。深度思考，就是深入地提问，一个问题不满足，再追加一个又一个问题，“打破砂锅问到底”，“不到长城非好汉”。如果我们的老师在理解、追问和批判层面上多问几个为什么，教师的深度思考能力就会逐步养成。到那时，深度学习的局面才会蔚然成风。

换一个“跑道”学语文

◆薛法根

《军神》一文中有个比喻句，沃克医生夸赞刘伯承：“你是一个真正的男子汉，一块会说话的钢板！”一位教师在教学时提了这样四个问题：第一问，这是一个什么句？第二问，把什么比作什么？第三问，为什么把“刘伯承”比作“一块会说话的钢板”？第四问，这样比有什么好处？乍一听，四个问题由浅入深，教得相当完整；细一想，四个问题似曾相识，从一年级教到三年级，甚至教到六年级，只要遇到比喻句，用的都是同一个“套路”。应该说，这个“套路”让学生认识了比喻句，知道了本体、喻体，了解了两者的相似点以及表达效果等。初识比喻句，可以这么教；熟识之后，仍然这么教，就是在同一水平上的简单重复。遗憾的是，我们往往习以为常。

教学应该促进学生的发展，在学生已有水平上开掘新的生长点。三年级的比喻句教学，必须从“认识水平”进阶到“运用水平”，不妨换四个问题：第一问，这句话什么意思？准确理解比喻句的含义，即“刘伯承意志刚强”。第二问，沃克医生这么比有什么意图？领会沃克医生的敬佩和赞叹之情。第三问，这个比喻句对谁可以用、对谁不可以用？以此把握比喻句的使用条件。第四问，在这种情况下，你还可以怎么夸赞刘伯承？以此激发学生创作新的比喻，乃至创造性地运用排比、夸张等修辞手法。这四个问题，从理解意思、领会意图、把握语境到创造语句，是一个运用语言的新“跑道”。要知道，语文教学要培养的不是认识语言、研究语言的人，而是运用语言、创造语言的人，因此，语文教学必须及时切换“跑道”，从“语言研究”到“语用实践”。在这个新“跑道”上，学生才能化知为能、熟能生巧，获得认识能力与语文能力的同步生长。

指向“语言运用与建构”的语文教学，真正走在了语文的“回家”之路上，彰显出语文学科的本质意义。相对于“认知与记忆”，“运用与建构”是一种“深度学习”，即在不确定的真实情境中，运用语言解决复杂的生活问题。这个过程需要经历三次转化：一是语文经验的知识化，将个体的言语经验或多样的语言现象，“举三反一”，从上位概念入手，归纳为具有普遍意义的语文知识。统编版教材每个单元在学习园地中都设置了一个“交流平台”，就是一个经验交流与规律提炼的学习支架，促使学生的语文学习从自然状态转入自觉状态。二是语文知识的情境化，将语文知识迁移到真实的生活情境中，鼓励学生运用知识解决实际问题，知道语文知识有何用、用何处、如何用，在运用中促进知识理解及能力累积。统编版教材设置了课后小练笔、语文园地的“词句段运用”以及习作等读写实践活动，就是一个举一反三、由知而能、融会贯通的知识内化过程。三是语文知识的结构化，将零散的语文知识进行系统化和结构化，指导学生进行知识的个体建构，实现语文知识与生活经验、语文经验以及多样语境之间的多重关联，将有助于学生对语文知识的理解、记忆和迁移、运用。综观统编版教材的语文要素系列，遵循了学生读写能力的发展规律，是一种整体建构和分层设计，唯有把握其知识结构，才能对每一篇课文进行有目的的课程化设计，对每一个单元进行主题任务群实践。

以语文核心素养为目标的学习“跑道”，才能锤炼一个人的语文能力，才能催生一个人的言语智慧，才能体现语文对于生命成长的价值意义。

“满汉全席”与“农家菜”

◆支玉恒

满汉全席是清朝的宫廷盛宴，至少上108道冷热菜品和124种点心茶食，几乎是历史上最豪华的宴席。

农家菜则各地不同，全看当地经济条件、饮食习惯和人们的需求而设，一般特点是简单朴素，好吃好消化，绝对能满足食者的食欲。

由此我想到教师备课时如何选择教学内容的问题。我们每位教师的个性、学养、擅长都不同，每次教的课文也不同，教龄长了，每次听课的学生也有差别，所以我们上的每一课都是一次创造性的、智慧性的个体劳动（那种集体备课、集体磨课，只能参考，不可依赖。依赖久了，自己就会变成“瘸子”）。

更重要的是我们教的是最独特也是最重要的语文学

科。语文教材不同于别的学科教材。其他学科教材的内容大多是该学科的知能体系，同时也是教师教学的内容，比如数学，教材的内容是计算三角形的内角和，教学内容也就是按照教材上的方法、步骤教给学生计算三角形的内角和。而语文教材的内容却不是语文的知能体系，不是直接的教学内容。叶圣陶先生说：语文教材只是一个例子。我们需要依据这个例子，从中找到真正可教、可学的教学内容。

总结为一句话就是：其他学科学的是教材语言的“内容”，而语文学科学的是语言“形式”，也可以说是通过听说读写，学习字词句篇（当然包括对语文知能的掌握和运用）。

因此，鉴于语文教材的特点，如何确定语文教学内容，就需要执教者郑重对待，审慎选择。

比如五年级下册《跳水》一课。这一课是写事的，记叙了一件事，并不是表现老船长的冷静机智（这点很重要）。课文中有不少可学可教之点：1.按事情发展顺序叙述的写作方法；2.区分写作运用笔墨的详略安排，并以此确认故事的主人公；3.通过对课文的阅读理解，认识事情发生、发展的原因有哪些；4.弄清楚为什么船长的办法能够解除危机；5.通过具体事例描写人物外貌、神态、动作、语言、心理等写作方法；6.教学本课应该使学生得到的某种启示。

显然，把这些内容完全教给学生是不可能的，时间也不允许，况且还有教师添加的所谓“拓展”材料。有的课堂上问题一个又一个，演示一个又一个，表演一个又一个，课件一个又一个，拓展一个又一个，音乐一个又一个，图片一个又一个……整个课堂就是一桌“满汉全席”。这么大的席面，学生吃得了吗？消化得了吗？即使硬着头皮吃下去，又能吸收多少营养呢？

因此，教师必须选择一些适合学生“最近发展区”的内容，一些与前后学习有密切关系的内容，一些符合学生年龄段兴趣点的内容，一些教师有把握教会、教好的内容，等等，作为教学内容。要少而精，要基本保证本课知能的完整性。这就像农家菜一样，既顺口好吃，也符合食者的需求和消化能力。

为了学生吃得了，吃得好，也消化得了；为了教得省力又有效，我们还是为学生准备适口又舒心的“农家菜”吧！

作为教师的儿童

◆成尚荣

我常想，语文教师有自己的专业边界吗？这似乎是个伪命题——语文教师的专业边界应画在语文课程上。其实不然，道理很简单：无论是内涵还是外延，语文总是与生活相等的。从这个视角看，语文教师的专业应当走向“无边界”，即走向学生的生活——也许这正是语文教育的边界。

我们对学生的生活了解吗？不能说不了解。蒙台梭利却说：儿童来到这个世界，世界却不了解他、不接纳他。她写下的《童年的秘密》，成为经典，至今都在影响着我们。这本书语文教师应当好好读一读。

六一儿童节前，《光明日报》推出了一个专栏——“孩子们写的诗”。整整一个版面，可以说每首诗都写得好。其中有一首写得特好，因为写的“真像孩子”。诗的题目是《哭着哭着就笑了》。诗是这样写的：“我哭着哭着/就笑了//因为我想到/中午的饭菜/是香的/傍晚的点心/是甜的/天空的太阳/是明亮的/夜晚的月光/是皎洁的//每一个/不快乐的时刻/都不应该是我的。”

读了一遍又一遍，读着读着，我也笑了，因为，眼前浮现出一个个孩子的泪眼和笑脸，好似天空的云彩，瞬间就发生了变化；因为，也想起了自己，自己小时候不也是这样吗？——这就是孩子，孩子就是孩子。儿童是很难定义的，甚至是无法定义的，如果要定义，只能是：儿童就是儿童。可是，我们常常不了解他们，于是不接纳他们，对孩子的哭着、笑着，已熟视无睹。其实，哭着、笑着，里面就隐藏着童年的秘密。

这首诗不只是在描述儿童生活的一个常见的情景，而且表达了儿童的本性以及儿童的内心诉求：世界上的一切一切都是美好的，“每一个/不快乐的时刻/都不应该是我的”。快乐、愉悦是儿童应有的表情，而脸上的表情是内心的确证。可是我们不了解他们，不能从他们的“哭着”中读出什么，也不能从他们的“笑着”中读出什么，更没有从“哭着”“笑着”的转换中发现什么。童年的秘密是什么？你在哪里啊？我们茫然。

这首诗是在老师辅导下写成的，可见这位老师有一双慧眼，有一颗慧心，他发现了童年的秘密，而且尊重它、呵护它，且指导学生把它表达出来。这样的指导，还暗含着另一个教育的秘密：从儿童的视角了解儿童，用儿童的方式处理问题，但又站在儿童之外观察儿童、研究儿童。我揣测，那句“每一个不快乐的时刻，都不应该是我的”，一定有着老师的点拨。这样的点拨，不应该反对，相反，应该鼓励、支持，因为，儿童需要引领，儿童的价值观应当提升。这就是蒙台梭利对教师的定义——作为教师的儿童。

习作思维场：儿童习作的动力源

◆李 斌

习作技巧满堂飞、满堂灌，这是当下习作课堂的顽疾。习作固然离不开技巧，但如果缺失思维深度加工，习作技巧就只能是一堆僵化的符号，无法真正激发儿童习作的动机，更无法形成可迁移的习作能力。

习作的每一个环节，如选材立意、谋篇布局、语体选择等，都是一种思维活动。思维是习作的基础、前提和灵魂。没有科学的、富有创造性的思维活动，也就没有习作活动。同时，只有通过习作，思维活动才能凭借语言符号这个载体而物化、视觉化，思维的轨迹才能被“现实”地凸显出来。通过习作，思维中的朦胧意象可以变得清晰明朗，杂乱无章的思路可以变得井然有序，思考中的某些肤浅的见解和观点可以逐渐深化或伸展，思维中的某些疏漏之处可以得到弥补和订正，思维进而变得更加严谨。

一个完整的习作思维活动过程，总是情感的内孕过程和文章的外化过程的有机完美的统一。习作过程中，思维与知识、经验、情感相互作用。习作是抽象思维、形象思维、灵感思维的综合运用，思维与思维之间也存在着相互作用。此外，任何新信息进入习作活动之后，都会与思维产生相互作用。各种因素相互联系、相互影响、相互制约、相互交融，产生动态变化，形成具有能量的思维场，进而影响着儿童的习作活动。格式塔心理学指出，任何一种行为都产生于各种相互依存的事实的整体以及这些相互依存的事实具有一种动力场的特征，这就是场论的基本主张。因此，习作教学应致力于营造习作思维场。

营造习作思维场，首先，必须关注儿童。儿童的知识结构、情绪、意志对习作思维场起着极大的制约作用。所以，习作教学要尊重儿童思维发展的规律和特点，充分了解儿童的生活经历和认知背景，创设真实的交际语境，制造认知或情感冲突，激发儿童习作的兴趣和动力。

其次，要关注儿童的发散思维。教师在习作教学中可以运用曼陀罗思考法（又叫九宫格思考法）、头脑风暴法、逆向思维法、侧向思维法、转换思维法等策略，引导学生打破思维定式，变单项思维为多项思维，提高思维的独特性，开拓习作的新思路。

此外，还要关注儿童的收敛思维。收敛思维实际就是比较、鉴别、排除和选择。习作教学中，教师要教给儿童收敛思维的基本方法，如抽象与概括、分析与综合、比较与类比、归纳与演绎等。儿童掌握了收敛思维的基本方法，就能对生活中众多的、零散的原始素材进行筛选，精选出最有价值的习作材料，然后立意、炼意，形成文章的主题，进而谋篇布局、行文表意。

在习作教学中营造习作思维场，各要素相互支撑，不断演化，就能产生场效应，形成儿童习作的动力源，结出思维的硕果，提高儿童语言表达的能力。

你愿意做一名“耳聋”的听众吗

◆陈德兵

这世上当然不会有耳聋的听众，却有“耳聋”的听众。《义务教育实验教科书　语文》（六年级上册，人教版）中《唯一的听众》一文里就有这样一位与众不同的“耳聋”听众。

这篇课文我读了很多遍，也教了很多遍，越来越觉得文章是作者写给我们老师看的。文中的听众，是一位老妇人，更是一位奇人。她身为音乐学院最有声望的教授、乐团首席小提琴手，虽然她没有教小伙子一招一式，没有指点小伙子一个窍门，却将一个“音乐白痴”改变成了一个真正的小提琴手！

这是为何？

这位听众善听。我们听琴，听的是音。老人听琴，听的是心！文中的父亲也好，妹妹也罢，音乐素养之高可以想见，然而，他们听到的是锯床腿一般的噪音，所以他们给作者下的结论是“音乐白痴”。老人不同，她不在意这些，她听出的是一颗上进而善良、敏感而自卑的心！明知自己拉得不好，却愿意躲到小树林里练习，不是刻苦是什么？不是不服输又是什么？不愿意让自己难听的琴声打扰他人，不是美德是什么？发现老人后立马道歉，不是善良是什么？……老人听出了这一切，感受到了这一切！她发现了一棵好苗子，她要助他成才！

这位听众善演。此时的作者，最缺的是自信。老人深知这一点，认识到必须给他鼓励！但在琴技如此糟糕的前提下，任何的夸奖与赞美，作者都会听得出是谎言。怎样让作者树立起自信且不怀疑这善意的谎言呢？途径只有一个，那就是装聋。只有聋哑人对声音的赞美，才不会引起别人的怀疑。于是，老人用她的坐姿、她的神态、她的眼神、她的语言，一而再、再而三地向作者传递一个信息：我是一个聋哑人！老人的演技，获得了巨大的成功。作者对她深信不疑，重拾自信，训练得更加投入，更加认真，更加刻苦。

这位听众善教。老人教了作者吗？教了。不过，她教的不是技巧，而是更为重要的东西——毅力！老人深知，练一项本领，最忌讳的就是三天打鱼，两天晒网，而这恰是年轻人最容易犯的毛病。所以，年轻人学习总是需要提醒，需要督促。老人用一个美好的约定——“每天早上听你拉琴”，给作者戴上了一个美丽的“紧箍儿”。一位老人都能坚持每天早上到树林里去等你拉琴，你好意思爽约吗？这样的约定，是不是比唠叨烦人的提醒和督促更管用？当然，我们也可以想见，这每天约会的背后，老人付出了怎样的努力，做出了怎样的牺牲！

每次读罢全文，我都会对老人油然而生一份敬意。这，不就是最懂教育、最伟大的老师吗？她对一个偶遇的素不相识的小伙子，播撒了博大的、无私的关爱。她走进了年轻人的心灵，她触摸着年轻人的心灵，她呵护着年轻人的心灵，她默默地付出，她静静地等待。

于是，我们应经常扪心自问：你愿意做一名“耳聋”的听众吗？

你可能永远无法跟她写得一样好

◆林志芳

不久前，我在山东威海参加了一场《小学生小散文100课》的小读者见面会。见面会不仅有小学生的经典美文朗诵展示、阅读体会交流，还有几位同学的仿写作文展示。其中有个女孩的作文模仿杨朔的《泰山画卷》，描绘出威海当地的山水美景，构思独特，文辞清雅，语言极富诗意与灵性，再加上她声情并茂的朗读，获得了在场师生热烈的掌声。

交流互动时，有个小男孩举手提问："林老师，我怎样才能写得跟她一样好？为什么我读了那么多书还是写不好作文？"

真是一个好问题。这个问题引导我追问写作的本质，思考写作的个体差异，并重新打量阅读与写作的关系。

先说写作的本质。语文教师常常讨论如何教学生写作，如何提高学生的写作水平，却很少回到原点，对写作的本质进行审视与沉思。写作是通过创造性的思维活动，运用语言文字符号，以篇章的形式来表达对世界某种认识的过程。它是生活的再现和人生体验的传达，是人们在生活的自我反思中审视人生、审视内在自我时所产生的新奇和敏感的精神写照。《毛诗序》中这样描述诗歌的起源（即文学创作的起源）：“诗者，志之所之也。在心为志，发言为诗。情动于中而形于言。”概括地说，写作是一种表达，决定写作水平的不仅仅是表达水平的高下，更重要的是表达内容的深浅，是写作者是否对生活具有新鲜、敏感的体验与思考。所谓“三分文字技巧，七分文心顿悟”。

再说写作的个体差异。对写作本质的思考有利于我们认识写作的个体差异，也会看到写作教学的限度。写作特别好的孩子，往往有一个丰富的内在精神世界，他们情感细腻，对事物充满独特的感知、新奇的体验或敏锐的思考。一般的写作教学，可以在文辞规范、布局谋篇等方面给孩子表达方法或技巧上的指导，但决定写作好坏的灵魂性的内容，比如思想、感知、体验等，一定程度上取决于孩子的天赋，一定程度上取决于教师日常教育生活中在思维、审美、情感等方面对他们的唤醒或擦亮。所以，并非所有的孩子经过指导以及自身的努力就都能写出绝妙的佳作，写作教学的限度就在于可教（学）者，规矩方圆；不可教（学）者，心营意造。

最后说读与写的关系。首先阅读有自己独立的意义，多读书不是为了写好作文，也绝非读得多就一定写得好。如果追问阅读对写作的最大帮助，除了提供仿写的范本、提供写作的情景或素材，更重要的是磨砺思维、塑造审美以及培育“文心”。是的，阅读帮助我们认识世界，理解他人，也反观自我。只有在深层意义上，阅读与写作才会相通。真正懂得阅读与写作的人，是关注内在自我的人，是会关注守护、捕捉内在的世界的人。缺乏敏感、丰富、独立的精神世界的人就永远无法进入写作的绵长与恒久状态。

当然，在与小读者们互动的现场，我不可能对孩子们做如此深入的阐述，我只能对那个提问的男孩简单地说：“孩子，你可能永远不能写得跟她一样好，因为写作有天赋的因素。但是你一定可以比自己原来写得更好。这不仅仅要求你多阅读，多写作，更重要的是你要对世界敞开一份细腻柔软的诗心，丰富自己的体验，并保持独立的思考。”

图书在版编目（CIP）数据

50篇名家卷首语 /《小学语文教学》杂志编. — 太原：山西教育出版社，2021.12（2022.9重印）
（小语人丛书）
ISBN 978-7-5703-0507-0

Ⅰ. ①5… Ⅱ. ①小… Ⅲ. ①阅读课-小学-教学参考资料 Ⅳ. ①G624.233

中国版本图书馆CIP数据核字（2019）第129317号

50篇名家卷首语
50 PIAN MINGJIA JUANSHOUYU
《小学语文教学》杂志 / 编

出版人 李飞
选题策划 李梦燕　责任编辑 李梦燕
复审 海晓丽　终审 康健
装帧设计 薛菲　印装监制 蔡洁

出版发行 山西出版传媒集团·山西教育出版社
（地址：太原市水西门街馒头巷7号　电话：0351-4729801　邮编：030002）
印装 山西基因包装印刷科技股份有限公司
开本 787×1092 1/32
印张 6
字数 102千字
版次 2021年12月第1版 2022年9月第2次印刷
书号 ISBN 978-7-5703-0507-0
定价 46.00元